GOUVERNEURS
LIEUTENANS DE ROY
PREVÔTS
DES MARCHANDS
ECHEVINS
PROCUREURS
AVOCATS DU ROY
GREFFIERS
RECEVEURS
CONSEILLERS
ET QUARTINIERS
de la Ville de
PARIS

NOMS, QUALITEZ ET ARMES

DES GOUVERNEURS, CAPITAINES ET LIEUTENANS-GENERAUX

DE LA VILLE, PREVÔTÉ ET VICOMTÉ DE PARIS.

Les Chartres et anciens titres ne font aucune mention de Gouverneurs de Paris avant le regne de Philippes de Valois, attendu qu'avant ce temps le Gouvernement, la Justice et la Police de cette Ville Capitale étoient réunis à l'Office de Prevôt de Paris.

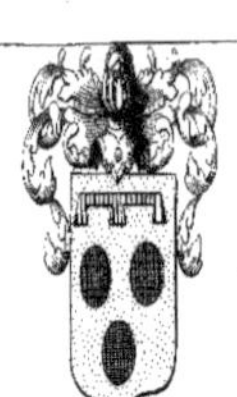

Jean, ou Renaud de GOUILLONS, Chevalier, Gouverneur de la ville de Paris en l'an 1344, aussi Sénéchal de Poitou et de Limosin sous Philippe de Valois.

Hugues Aubriot, Prevôt de Paris, Capitaine de cette ville et de sa Vicomté en l'an 1318, jusqu'en 1370, sous les Rois Jean et Charles V.

Charles le mauvais, Roi de NAVARRE, s'empara du gouvernement de Paris en 1358, et fut chassé de cette ville quelques jours après, suivant le Pere Félibien.

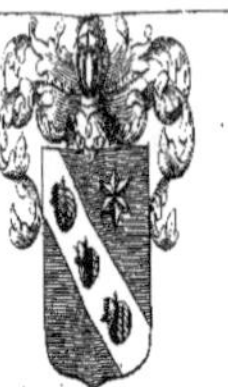

Thibaut de CHANTEMESLE, Seigneur du lieu, Trésorier de France, établi à la garde de la ville de Paris en l'an 1360, sous le Roi Jean.

Jean Maillard, Seigneur Chastelain de Lery, Capitaine établi pour la garde de la ville de Paris par Lettres du 13 Avril 1373, sous Charles V.

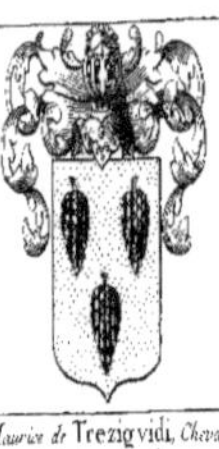

Maurice de Trezignidi, Chevalier-Breton, Capitaine au Gouvernement de la ville de Paris en 1380.

Richard Sire de Courcy en Normandie, Capitaine au Gouvernement de Paris en l'an 1404.

Jean de FRANCE, Duc de Berry, frere du Roi Charles VI. Gouverneur de Paris en 1408, jusqu'en 1411 puis rétabli ci-après en 1413.

Waleran de LUXEMBOURG, Comte de Ligny et de St Pol, Connestable de France, établi à la garde de Paris le 4 Avril 1411 par les factions de la maison de Bourgogne.

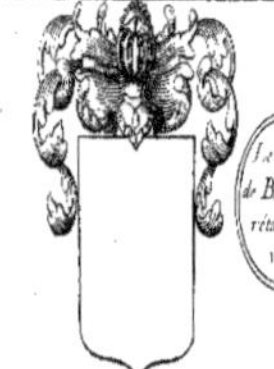

Pierre GENTIEN, Prevot des Marchands et General des Monnoyes, établi à la garde de Paris le 27 Mai 1413.

Helion de Jacqueville, Chambellan du Roi et du Duc de Bourgogne, Capitaine au Gouvernement de Paris en 1413.

Jean de LOIGNY, Maréchal de France, établi à la garde de Paris par Lettres du 7 Août 1413.

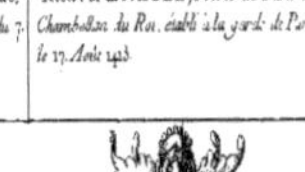

Robert de la HEUZE, Prevôt de Paris et Chambellan du Roi, établi à la garde de Paris le 17 Août 1413.

Louis D'ANJOU II. du nom, Roi de Naples et de Sicile, d'Arragon, &c. Gouverneur de Paris pour le Duc de Bourgogne par Lettres du 28 Mars 1414.

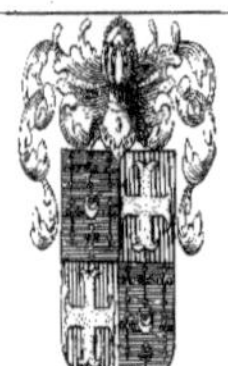

Jean Sire de BUEIL, Chambellan du Roi de Naples et de Sicile, établi Lieutenant de ce Prince au Gouvernement de Paris en 1414.

Tannegny du CHASTEL, Maréchal de Guyenne, Prevôt et Gouverneur de Paris le 8 Janvier 1415, depuis Grand-Maître de France. Bertrand de MONTAUBAN, associé à du Chastel en ce Gouvernement suivant le Pere Félibien.

Charles de FRANCE, Comte de Ponthieu, Gouverneur de Paris en 1416, il fut depuis Roi de France sous le nom de Charles VII.

Jean Duc de BOURGOGNE, surnommé sans Peur, prit le Gouvernement de Paris en 1418. C'est ce Prince qui fut tué à Montereau Fautyonne.

Charles de LENS, Sire de Recourt, Amiral de France, établi Lieutenant du Duc de Bourgogne au Gouvernement de Paris le 6 Juin 1418.

Philippes de Bourgogne, Comte de St Paul, puis Duc de Brabant, établi Capitaine et Lieutenant Général au Gouvernement de Paris en l'absence du Duc de Bourgogne par Lettres du 19 Janvier 1418.

Thomas Duc de CLARENCE, fils d'Henry IV. Roi d'Angleterre, Gouverneur de la Ville de Paris en 1420.

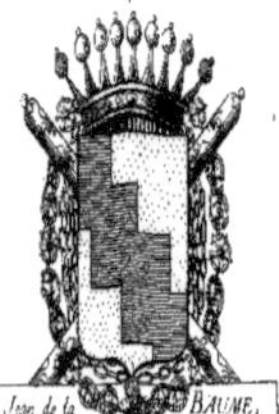

Thomas Duc d'Exestre, Oncle du Roi d'Angleterre, et Chancelier de ce Royaume, Capitaine au Gouvernement de Paris le 15 Février 1420.

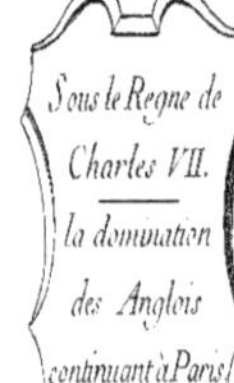

Jean de la BAUME, Comte de Montrevel, Maréchal de France, Chevalier des Ordres du Porc-épic et de l'Annonciade, Garde et Scel de la Prevôté de Paris, Gouverneur de cette Ville le 8 Juillet 1420.

Jean Duc de Bedfort, Regent du Royaume de France, Capitaine au Gouvernement de la ville de Paris en 1422.

Jean de Courcelles, Chevalier Seigneur de St Liebaut, Lieutenant du Duc de Bedfort au Gouvernement de Paris en 1418.

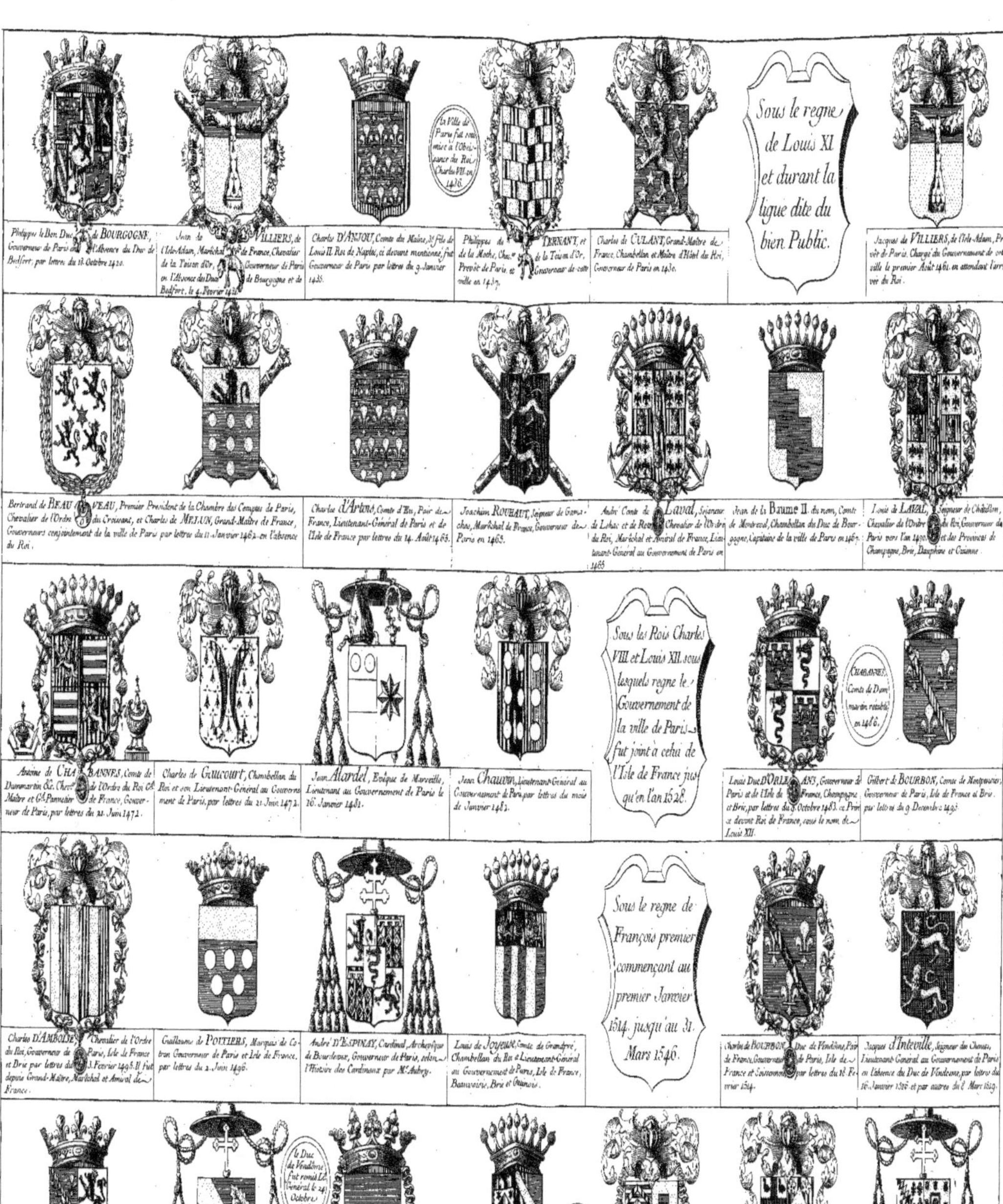

2

Philippes le Bon Duc de BOURGOGNE, Gouverneur de Paris en l'Absence du Duc de Bedfort, par lettres, du 18. Octobre 1420.
Jean de VILLIERS, de l'Isle-Adam, Maréchal de France, Chevalier de la Toison d'Or, Gouverneur de Paris en l'Absence du Duc de Bourgogne et de Bedfort, le 4. Février 1436.
Charles D'ANJOU, Comte du Maine, 3e fils de Louis II. Roi de Naples, ci devant mentionné, fut Gouverneur de Paris par lettres du 9. Janvier 1438.
Philippes de TERNANT, et de la Mothe, Chevalier de la Toison d'Or, Prevôt de Paris, et Gouverneur de cette ville en 1437.
Charles de CULANT, Grand-Maître de France, Chambellan et Maître d'Hôtel du Roi, Gouverneur de Paris en 1430.
Sous le regne de Louis XI et durant la ligue dite du bien Public.
Jacques de VILLIERS, de l'Isle-Adam, Prevôt de Paris, Chargé du Gouvernement de cette ville le premier Août 1461. en attendant l'arrivée du Roi.

Bertrand de BEAU[VAU], Premier Président de la Chambre des Comptes de Paris, Chevalier de l'Ordre du Croissant, et Charles de MELUN, Grand-Maître de France, Gouverneurs conjointement de la ville de Paris par lettres du 11 Janvier 1462. en l'absence du Roi.
Charles d'Artois, Comte d'Eu, Pair de France, Lieutenant-Général de Paris et de l'Isle de France par lettres du 14. Août 1465.
Joachim ROUHAUT, Seigneur de Gamaches, Maréchal de France, Gouverneur de Paris en 1465.
André Comte de LAVAL, Seigneur de Lohéac et de Retz, Chevalier de l'Ordre du Roi, Maréchal et Amiral de France, Lieutenant-Général au Gouvernement de Paris en 1468.
Jean de la Brume II. du nom, Comte de Montrevel, Chambellan du Duc de Bourgogne, Capitaine de la ville de Paris en 1467.
Louis de LAVAL, Seigneur de Châtillon, Chevalier de l'Ordre du Roi, Gouverneur de Paris vers l'an 1400. et des Provinces de Champagne, Brie, Dauphiné et Guienne.

Antoine de CHABANNES, Comte de Dammartin, &c. Chevalier de l'Ordre du Roi, Grand-Maître et Grand-Panetier de France, Gouverneur de Paris, par lettres du 21. Juin 1472.
Charles de GUUCOURT, Chambellan du Roi et son Lieutenant-Général au Gouvernement de Paris, par lettres du 21. Juin 1472.
Jean Alardel, Evêque de Marseille, Lieutenant au Gouvernement de Paris le 16. Janvier 1481.
Jean CHAUVIN, Lieutenant-Général au Gouvernement de Paris, par lettres du mois de Janvier 1481.
Sous les Rois Charles VIII et Louis XII. sous lesquels regne le Gouvernement de la ville de Paris, fut joint à celui de l'Isle de France jusqu'en l'an 1528.
Louis Duc d'ORLEANS, Gouverneur de Paris et de l'Isle de France, Champagne et Brie, par lettres du 8. Octobre 1483. ci Prince et devenu Roi de France, sous le nom de Louis XII.
CHABANNES, Comte de Dammartin rétabli en 1486.
Gilbert de BOURBON, Comte de Montpensier, Gouverneur de Paris, Isle de France et Brie par lettres du 9 Décembre 1491.

Charles D'AMBOISE, Chevalier de l'Ordre du Roi, Gouverneur de Paris, Isle de France et Brie par lettres du 3. Février 1498. Il fut depuis Grand-Maître, Maréchal et Amiral de France.
Guillaume de POITIERS, Marquis de Cotron, Gouverneur de Paris et Isle de France, par lettres du 2. Juin 1496.
André D'ESPINAY, Cardinal, Archevêque de Bourdeaux, Gouverneur de Paris, selon l'Histoire des Cardinaux par Mr. Aubry.
Louis de JOYEUSE, Comte de Grandpré, Chambellan du Roi et Lieutenant-Général au Gouvernement de Paris, Isle de France, Beauvoisis, Brie et Guinois.
Sous le regne de François premier commençant au premier Janvier 1514. jusqu'au 31. Mars 1546.
Charles de BOURBON, Duc de Vendôme, Pair de France, Gouverneur de Paris, Isle de France et Soissonnois, par lettres du 18. Février 1514.
Jacques d'Inteville, Seigneur des Chenets, Lieutenant Général au Gouvernement de Paris en l'absence du Duc de Vendôme, par lettres du 16. Janvier 1516. et par autres du 2. Mars 1519.

François de BOURBON, Comte de St. Paul, Gouverneur de Paris, Isle de France et Soissonnois, au lieu du Duc de Vendôme son frère, par lettres du 16. Décembre 1518.
Pierre Filhol, Archevêque d'Aix, Lieutenant-Général au Gouvernement de Paris, en l'absence du Comte de St. Paul, par lettres du 12. Septembre 1522.
Michel-Antoine, Marquis de SALUCES, Chevalier de l'Ordre du Roi, Gouverneur de Paris et de l'Isle de France, en 1526.
le Duc de Vendôme fut remis Lt. Général le 24. Octobre 1523.
le Marquis de Saluces rétabli Gouverneur.
Jean de la BARRE, Comte d'Etampes, Prevôt de Paris Gouverneur de cette Ville, par lettres du 11. Décembre 1523. il avoit été Lieutenant en ce Gouvernement sous le Marquis de Saluces.
Antoine de la ROCHE: FOUCAULT de Barbesieux, Général des Galères de France, Gouverneur de Paris par lettres du 20. Juillet 1532. puis de l'Isle de France par autres du 12. Mars 1533.
Jean SANGUIN, Seigneur d'Anocrville, frere du Cardinal de Meudon, Lieutenant-Général au Gouvernement de Paris, par lettres présentées à l'Hôtel de ville, le 26. Mars 1534. Suivant le Père Felibien.
Jean Cardinal du BELLAY, Lieutenant-Général au Gouvernement de Paris et de l'Isle de France, par lettres du 21. Juillet 1536. Archevêque de Bourdeaux en 1548.

3

SUITE CHRONOLOGIQUE
DES GOUVERNEURS, CAPITAINES ET LIEUTENANS-GENERAUX
DE LA VILLE DE PARIS.

Remarque, *Pour distinguer les différens titres attribués aux Seigneurs préposés au Gouvernement de la Ville de Paris: on à mis les noms des Gouverneurs en lettres capitales, ceux des Capitaines à ce Gouvernement en lettres romaines et ceux des Lieutenans-Généraux en grosse italique.*

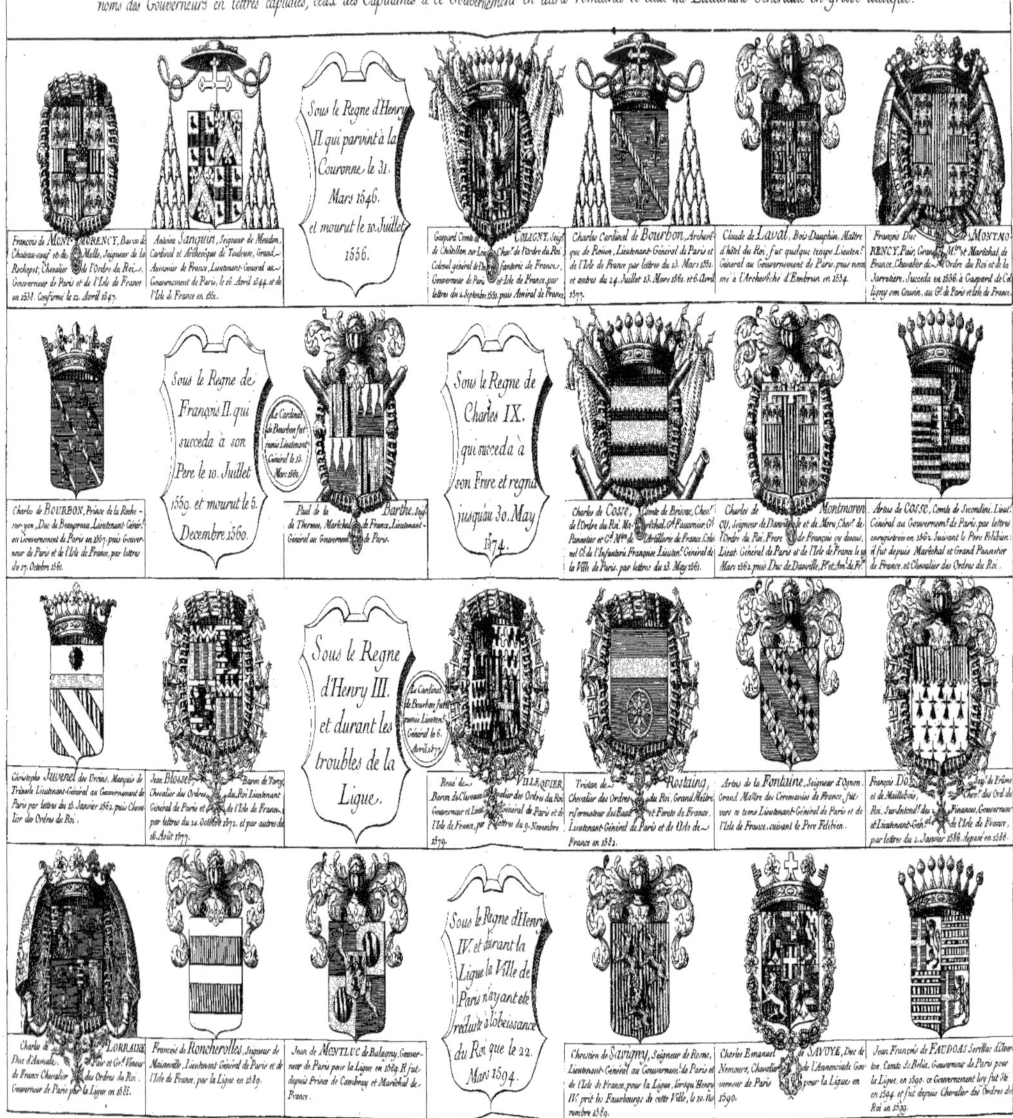

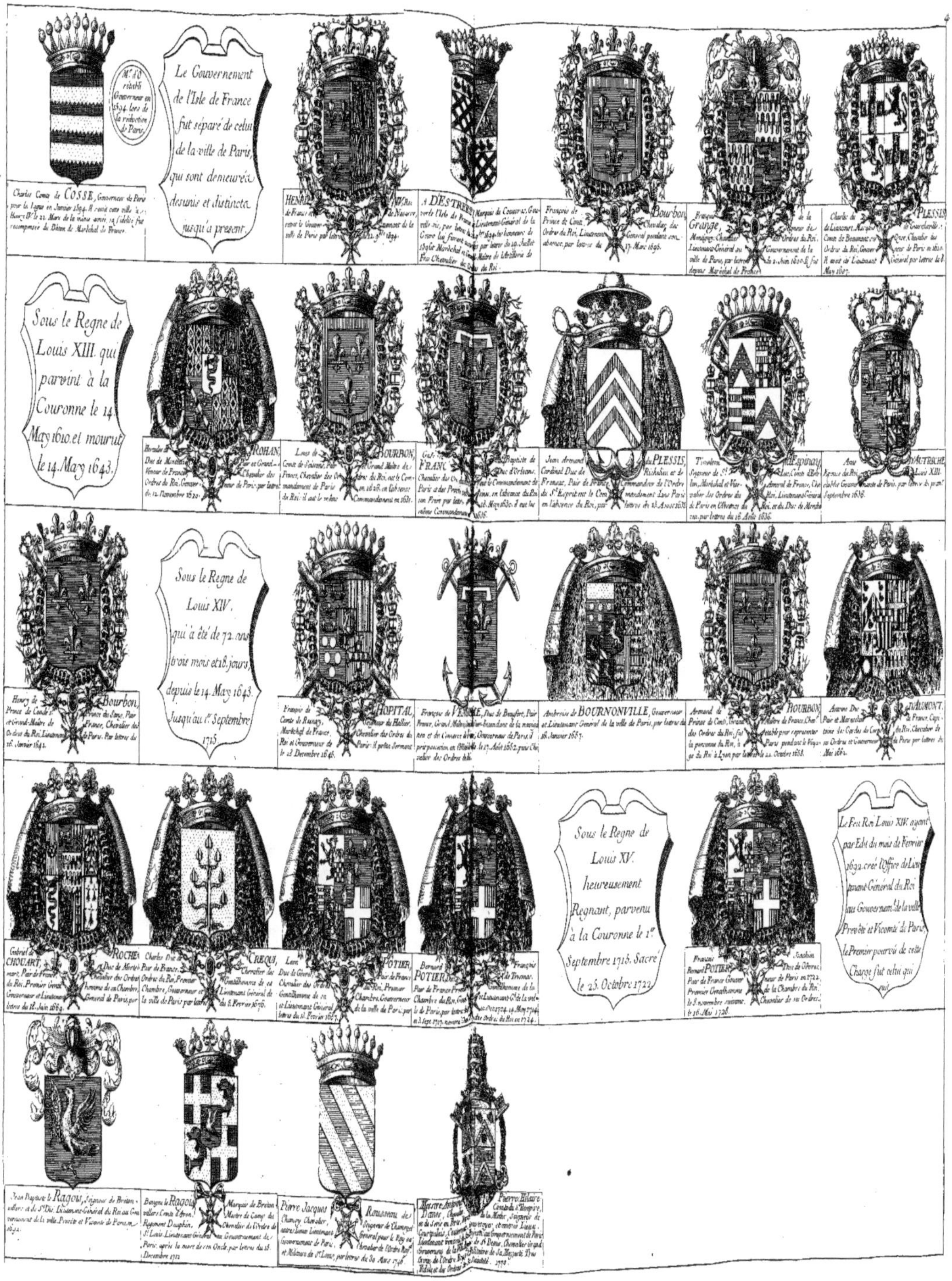

Charles Comte de COSSE, Gouverneur de Paris pour la Ligue en Janvier 1594. Il rendit cette ville à Henry IV le 22. Mars de la même année, sa fidelité fut recompensée du Bâton de Maréchal de France.

Le Gouvernement de l'Isle de France fut séparé de celui de la ville de Paris, qui sont demeurés desunis et distincts jusqu'à present.

HENRI … de Navarre … retira le Gouvernement de la ville de Paris par lettres du 22. 9.bre 1594.

… A DESTREES Marquis de Coeuvres, Gouverneur de l'Isle de France, par lettres …

François de Bourbon, Prince de Conti, Lieutenant … en absence, par lettres du 17. Mars 1695.

… Grange, … Lieutenant-Général au Gouvernement de la ville de Paris …

Charles … PLESSIS …

Sous le Regne de Louis XIII. qui parvint à la Couronne le 14. May 1610. et mourut le 14. May 1643.

Hercules … Duc de Montbazon, Grand Veneur de France, Chevalier des Ordres du Roi, Gouverneur de Paris, par lettres du 12. Novembre 1620. … ROHAN.

Louis de … BOURBON, Comte de Soissons, Pair de France, Chevalier des Ordres, Grand Maître de France …

Gaston … Duc d'Orléans … FRANC …

Jean Armand … du PLESSIS, Cardinal Duc de Richelieu …

Théodore … l'ESPINAY …

Anne … D'AUTRICHE … Louis XIII.

Sous le Regne de Louis XIV. qui a été de 72. ans, trois mois et 18. jours, depuis le 14. May 1643. jusqu'au 1.er Septembre 1715.

Henry de BOURBON, Prince de Condé … et Grand-Maître de … Ordres du Roi, Lieutenant … 16. Janvier 1643.

François de … HOPITAL, Seigneur du Hallier, Maréchal de France … Chevalier des Ordres … le 13. Decembre 1646.

François de VENDOME, Duc de Beaufort, Pair … Gouverneur de Paris …

Ambroise de BOURNONVILLE, Gouverneur et Lieutenant Général de la ville de Paris, par lettres du 16. Janvier 1687.

Armand de BOURBON, Prince de Conti …

André Duc de AUMONT, Pair et Maréchal de France …

Gabriel de CHOUART … Duc de Mortemart, Pair de France …

Charles Duc de CREQUI …

Léon … POTIER, Duc de France …

Bernard POTIER …

François de …

Sous le Regne de Louis XV. heureusement Regnant, parvenu à la Couronne le 1.er Septembre 1715. Sacré le 25. Octobre 1722.

François … Bernard POTIER, Duc de … Pair de France …

Joachim … Duc de Gevres, Gouverneur de Paris en 1722 …

Le Feu Roi Louis XIV. ayant par Edit du mois de Fevrier 1692. créé l'Office de Lieutenant-Général du Roi sous Gouverneur de la ville, Prevôt et Vicomté de Paris, le Premier pourvu de cette Charge fut celui qui …

Jean Baptiste le RAGOIS, Seigneur de Bretonvillers … à St Dié, Lieutenant-Général du Roi au Gouvernement de la ville, Prevôté et Vicomté de Paris en 1692.

Evrard le RAGOIS … villers Comte d'Epron, … Régiment Dauphin, … St Louis, Lieutenant-Général … Paris … Décembre 1712.

Marquis de Breton … Chancy, Chevalier … Maître de Camp des Chevalier de l'Ordre de St Louis …

Pierre Jacques … ROUSSEAU de … Seigneur de Champigny, Général pour le Roy … Chevalier de l'Ordre de St Louis, par lettres du 30. Aout 1736.

Pierre Hilaire …

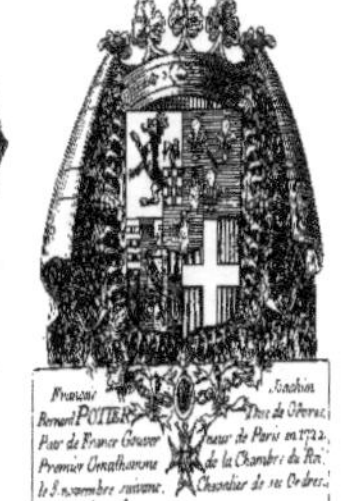
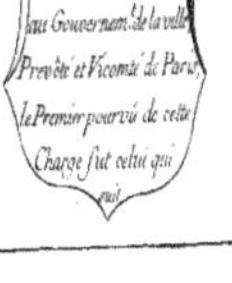

Sous le Regne de
Louis XV.
heureusement
Regnant parvenu
a la Couronne le 1.er
Septembre 1715. Sacré
le 25. Octobre 1722.

Marie Charles Louis D'ALBERT.
Duc de Chevreuse, Prince de Neuf
Chatel &c. Lieutenant General des Armées du Roy,
Colonel General des Dragons, par Lettres du
22. Septembre 1757.

Jean Paul Timoleon DE COSSÉ, Duc
de Brissac Pair, Marech.l et Grand Pannetier de
France, Chevalier des ordres du Roi, Gouvern.r
et Lieutenant Gen.l pour S.M. de la Ville Prevôté et Vicomté
de Paris par Lettres du 21. Octobre 1721.

PREVÔTS

DES

MARCHANDS

ET

ECHEVINS

de la Ville

DE

PARIS

Gravées Par Beaumont
Graveur ordinaire de la Ville.

Mesre Michel Estienne Turgot,
Chevalier Seigneur de Sousmons, Bons,
Ussy, &c. Président de la 2de des Reqtes
reçu Prévôt des Marchds le 14 Juillet 1729.

Jean Claude Faucon-
net de Vildé, Ecuier 1er
Echevin Conseiller de Ville.

Claude Augustin Josset,
Avocat en Parlement, Conser du
Roi, Expeditionnaire de la
Cour de Rome, Ecuier, 2e Echevl.

Claude Petit,
Ecuier, 3e Echevin, Quar-
tinier de la Ville.

Jean Bapliste de
Santeul,
Ecuier 4e Echevin.

Antoine Moriau,
Procureur et Avocat du Roi.

Ce Livre a été fait
de la Prevôté
de Messire Michel Etiennes Turgot,
De l'Echevinage
de Mrs Fauconnet de Vildé, Josset, Petit,
et de Santeul
Etant
Antoine Moriau, Pr du Roi, et de la Ville,
J.B. Julien Taitbout, Greffier, et
Jacques Boucot, Receveur,
en l'Année 1735.

Jean Bapliste Julien
Taitbout, Greffier.

Jacques Boucot,
Receveur.

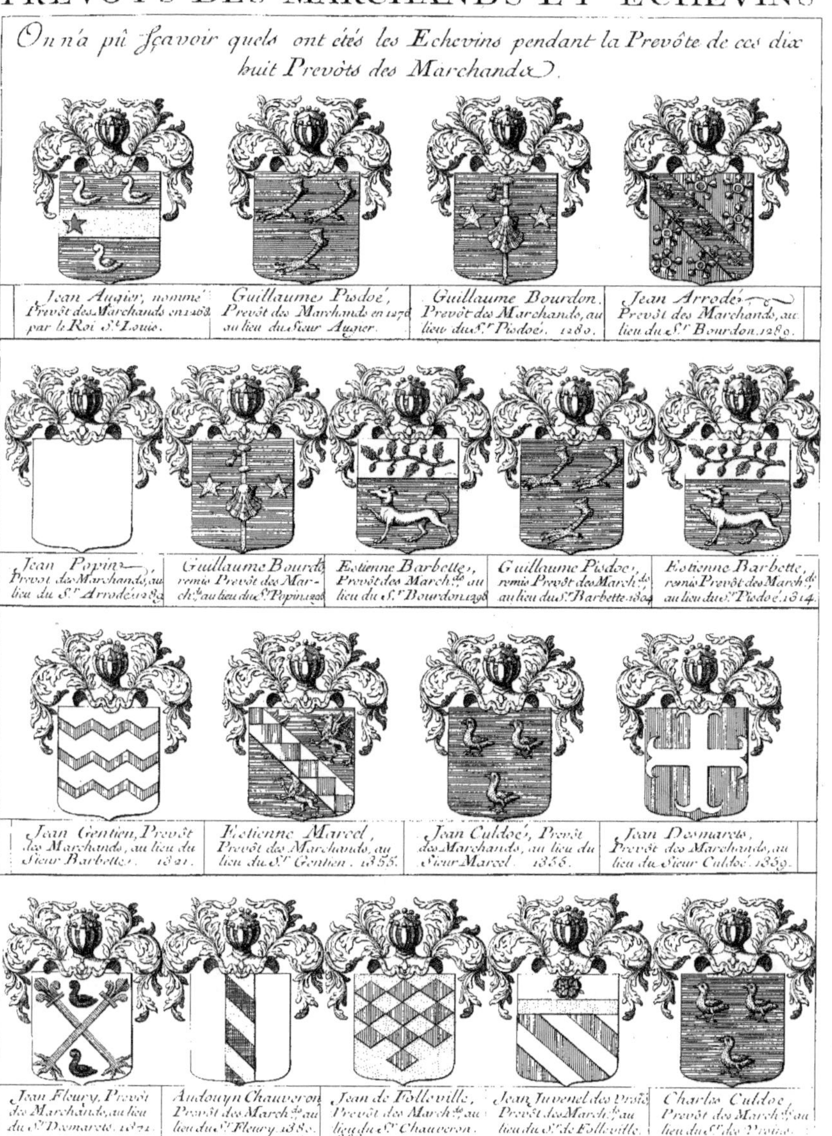

On n'a pû sçavoir quels ont étés les Echevins pendant la Prevôté de ces dix huit Prevôts des Marchands.

Jean Augier, nommé Prevôt des Marchands en 1263 par le Roi St. Louis.

Guillaume Pisdoé, Prevôt des Marchands en 1270 au lieu du Sieur Augier.

Guillaume Bourdon, Prevôt des Marchands, au lieu du Sr. Pisdoé. 1280.

Jean Arrodé, Prevôt des Marchands, au lieu du Sr. Bourdon. 1280.

Jean Popin, Prevôt des Marchands, au lieu du Sr. Arrodé. 1298.

Guillaume Bourdon, remis Prevôt des Marchds. au lieu du Sr. Popin. 1298.

Estienne Barbette, Prevôt des Marchds. au lieu du Sr. Bourdon. 1298.

Guillaume Pisdoé, remis Prevôt des Marchds. au lieu du Sr. Barbette. 1304.

Estienne Barbette, remis Prevôt des Marchds. au lieu du Sr. Pisdoé. 1314.

Jean Gentien, Prevôt des Marchands, au lieu du Sieur Barbette. 1321.

Estienne Marcel, Prevôt des Marchands, au lieu du Sr. Gentien. 1355.

Jean Culdoé, Prevôt des Marchands, au lieu du Sieur Marcel. 1356.

Jean Desmarets, Prevôt des Marchands, au lieu du Sieur Culdoé. 1359.

Jean Fleury, Prevôt des Marchands, au lieu du Sr. Desmarets. 1371.

Audouyn Chauveron, Prevôt des Marchds. au lieu du Sr. Fleury. 1380.

Jean de Folleville, Prevôt des Marchds. au lieu du Sr. Chauveron. 1388.

Jean Juvenel des Ursins, Prevôt des Marchds. au lieu du Sr. de Folleville.

Charles Culdoé, Prevôt des Marchds. au lieu du Sr. des Ursins. 1404.

Prevôté de Monsieur Gentien.
Jean de Troyes.
1411.
Jean de Lolive?
1411.
Pierre Gentien. Prevôt des Marchands au lieu du Sieur Culdöe, le 20 Janvier. 1411.
Denis de Saintyon.
1411.
Robert de Bellon.
1411.
Prevôté de Monsieur Despernon.
Pierre Augier.
1412.
Guillaume Ciriasse, où Kiriasse.
1412.
André Despernon, Prevôt des Marchands, au lieu du Sieur Gentien, le 16. Mars. 1411.
Guillaume Ciriasse, où Kiriasse, depuis Prevôt des Marchands. 1413.
Jean Marceau.
1413.

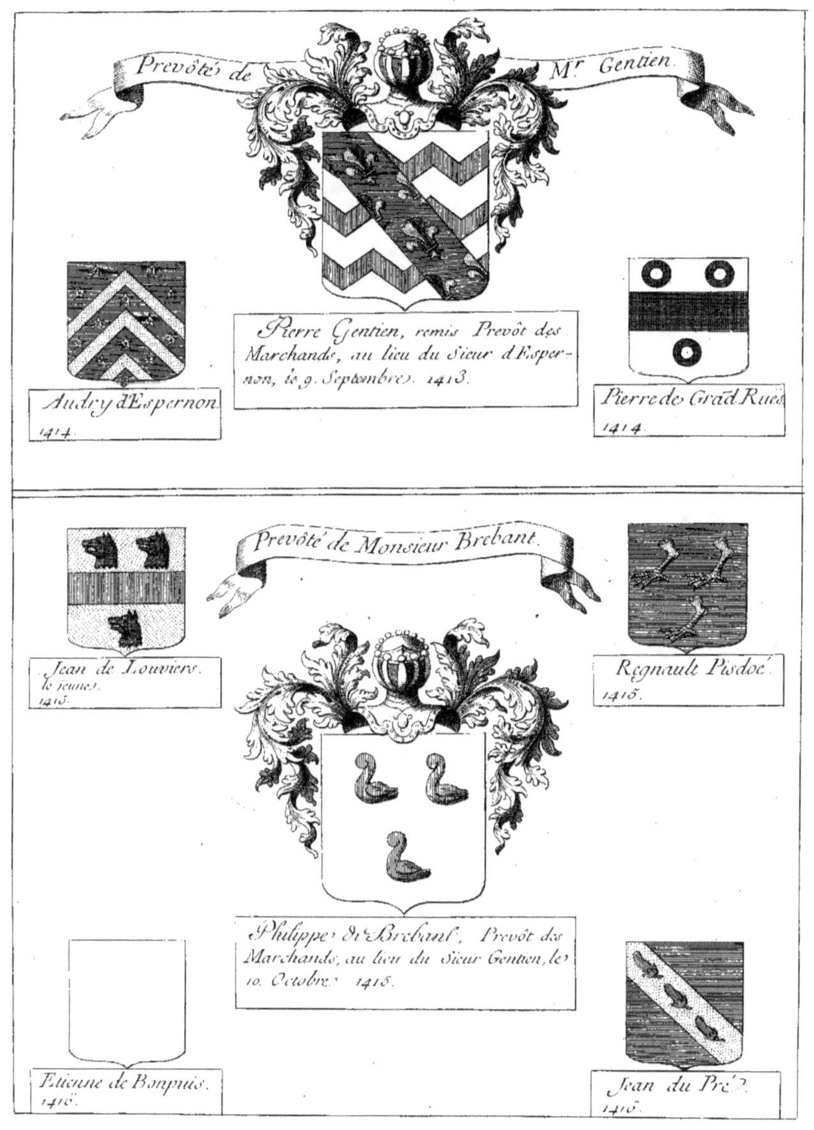

Prevôté de   Mr Gentien.
Audry d'Espernon.
1414.
Pierre Gentien, remis Prevôt des Marchands, au lieu du Sieur d'Espernon, le 9. Septembre. 1413.
Pierre de Grãd Rues.
1414.
Prevôté de Monsieur Brebant.
Jean de Louviers.
le jeune.
1415.
Regnault Pisdoé.
1415.
Philippe de Brebant, Prevôt des Marchands, au lieu du Sieur Gentien, le
10. Octobre. 1415.
Etienne de Bonpuis.
1415.
Jean du Pré.
1415.

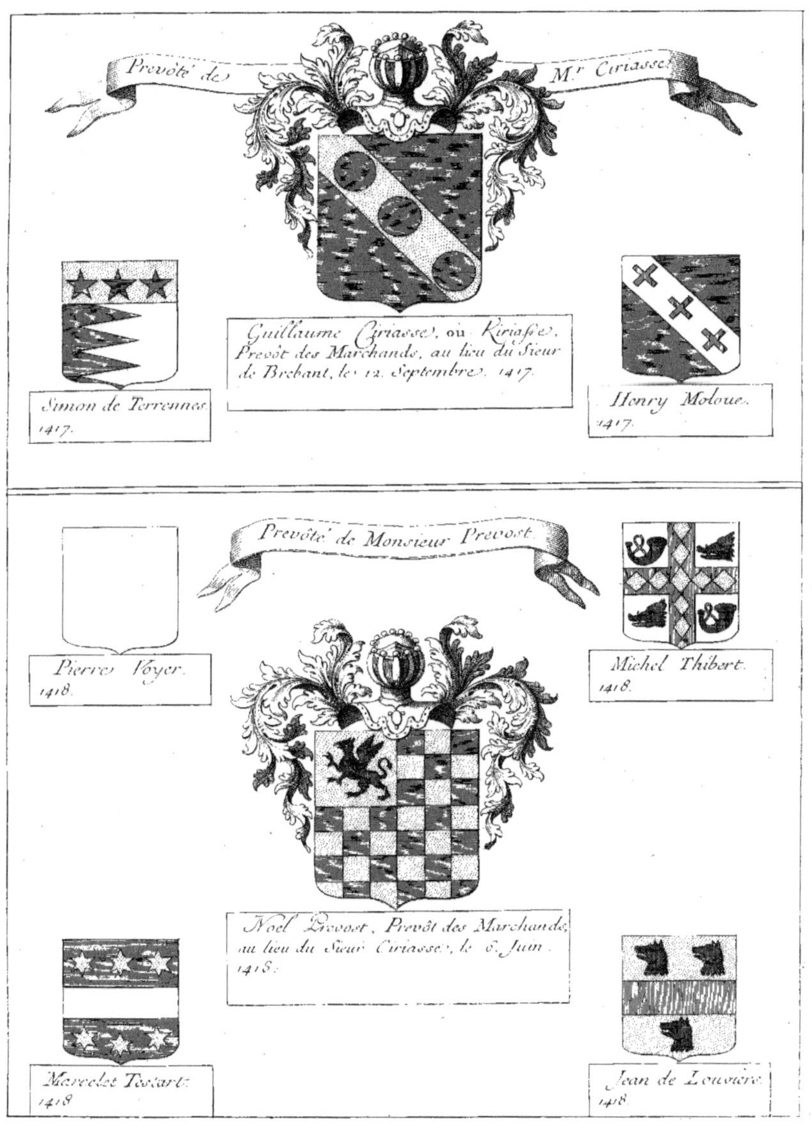

Guillaume Ciriasse, ou Kiriasse,
Prevôt des Marchands, au lieu du Sieur
de Brebant, le 12. Septembre. 1417.

Simon de Terrennes.
1417.

Henry Moloue.
1417.

Pierres Voyer.
1418.

Michel Thibert.
1418.

Noël Prevost, Prevôt des Marchands,
au lieu du Sieur Ciriasse, le 6. Juin.
1418.

Mereelet Tessart.
1418.

Jean de Lousiere.
1418.

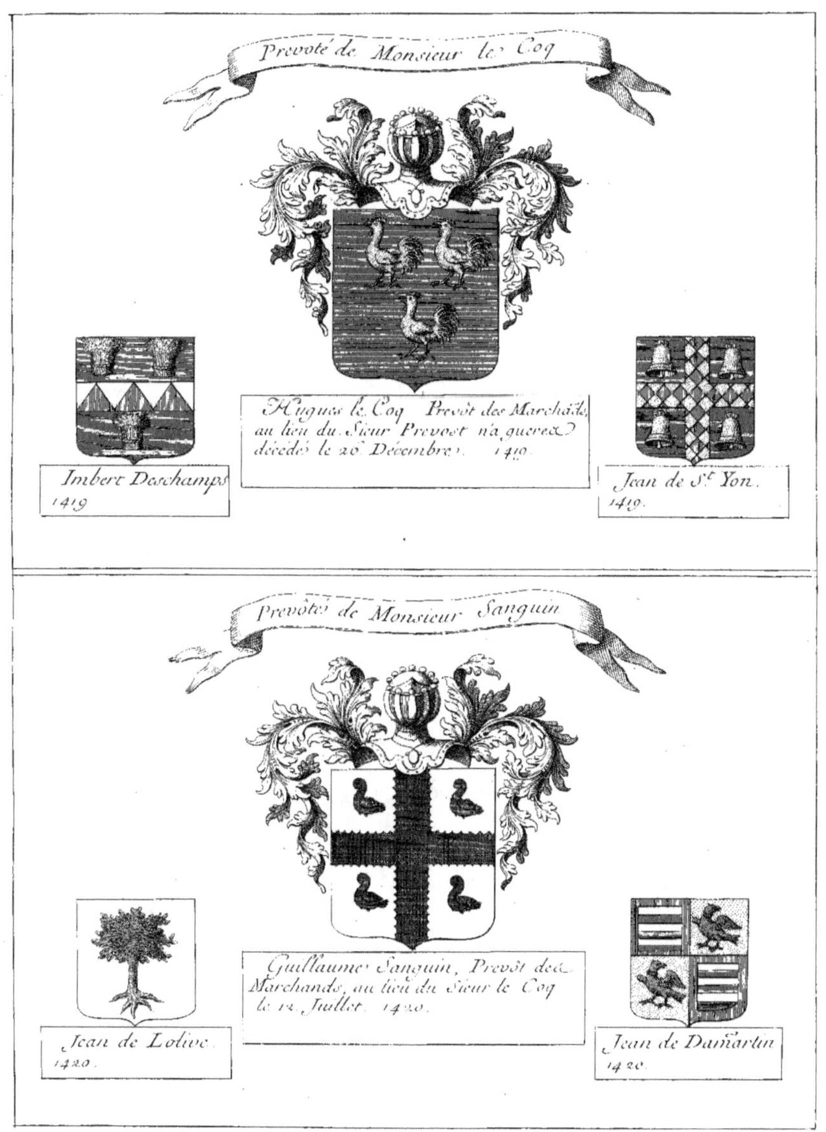

Imbert Deschamps
1419

Hugues le Coq, Prevôt des Marchâds,
au lieu du Sieur Prevost n'a gueres
décédé le 20. Décembre. 1419.

Jean de S.t Yon.
1419.

Jean de Lolive.
1420.

Guillaume Sanguin, Prevôt des
Marchands, au lieu du Sieur le Coq
le 12. Juillet. 1420.

Jean de Damartin
1420.

Jean de Cerisy. 1421.
Jean de Compans. 1421.
Garnier de St. Yon. 1422.
Jean de Bellon. 1422.
Raoul Dourdin. 1423.
Jean de la Poterne. 1423.
Imbert des Champs. 1429.
Jean de Dampierre. 1429.
Raymond Marc. 1429.
Nicolas de Neufville. 1429.
Prevôté de
Mr. Rapioült
Hugues Rapioült. Prevôt des Marchands, au lieu du Sr. Sanguin. 1421.
Marcelet Testart. 1430.
Guillaume de Troyes. 1430.
Robert Climent. 1431.
Henry Aufroy. 1431.
Louis Gobert. 1432.
Jacques de Roye. 1432.
Garnier de St. Yon, remis. 1433.
Jean de la Poterne, remis. 1433.
Louis Gellée. 1434.
Luques Dupleis. 1434.

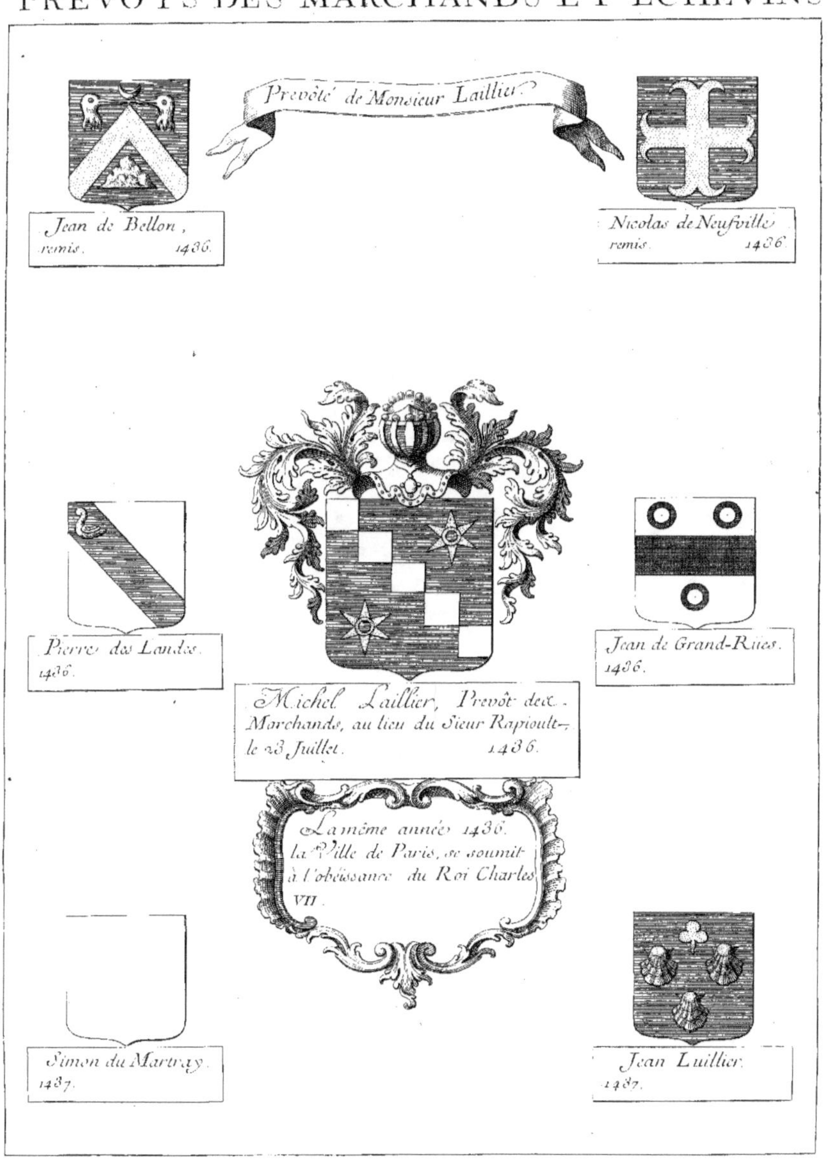

Prevôté de Monsieur Laillier.
Jean de Bellon,
remis. 1436.
Nicolas de Neufville
remis. 1436.
Pierre des Landes.
1436.
Jean de Grand-Rues.
1436.
Michel Laillier, Prevôt des
Marchands, au lieu du Sieur Rapioult,
le 23 Juillet. 1436.
La même année 1436.
la Ville de Paris, se soumit
à l'obéissance du Roi Charles
VII.
Simon du Martray.
1437.
Jean Luillier.
1437.

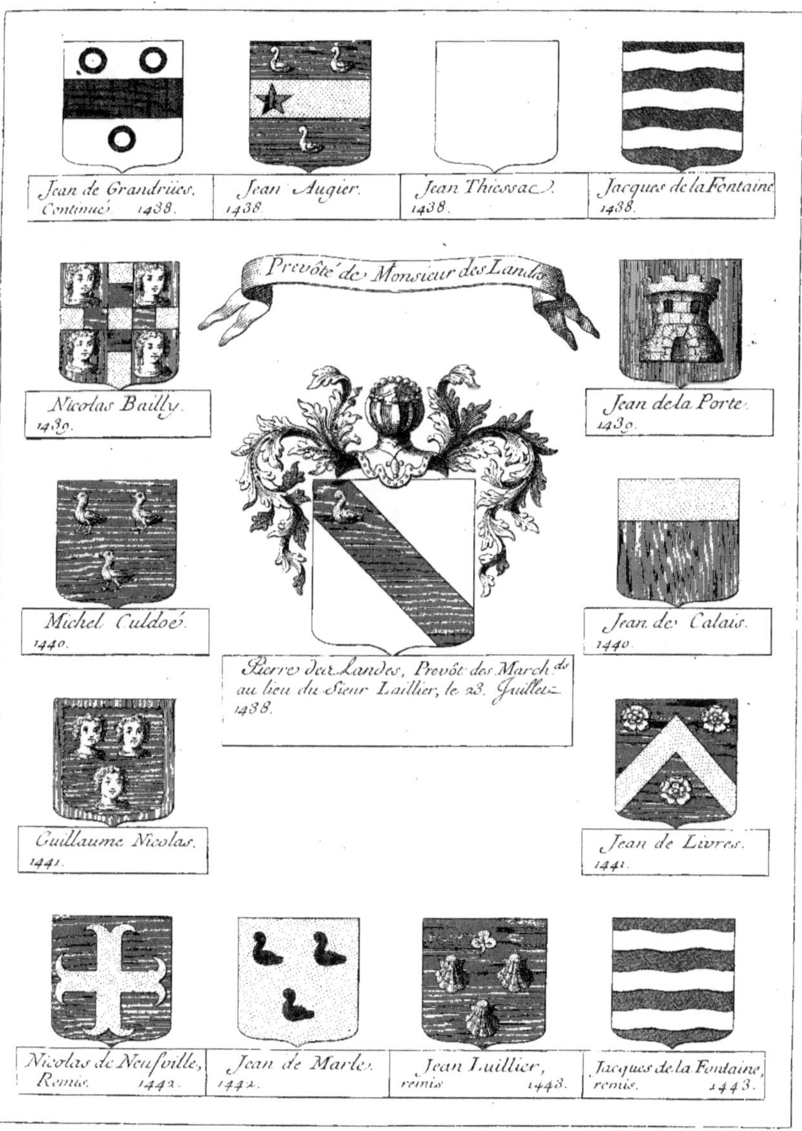

Jean de Grandrües,
Continué. 1438.
Jean Augier.
1438.
Jean Thiessac.
1438.
Jacques de la Fontaine
1438.
Prevôté de Monsieur des Landes
Nicolas Bailly.
1439.
Jean de la Porte.
1439.
Michel Culdoé.
1440.
Jean de Calais.
1440.
Pierre des Landes, Prevôt des Marchds
au lieu du Sieur Laillier, le 23. Juillet
1438.
Guillaume Nicolas.
1441.
Jean de Livres.
1441.
Nicolas de Neufville,
Remis. 1442.
Jean de Marle.
1442.
Jean Luillier,
remis. 1443.
Jacques de la Fontaine,
remis. 1443.

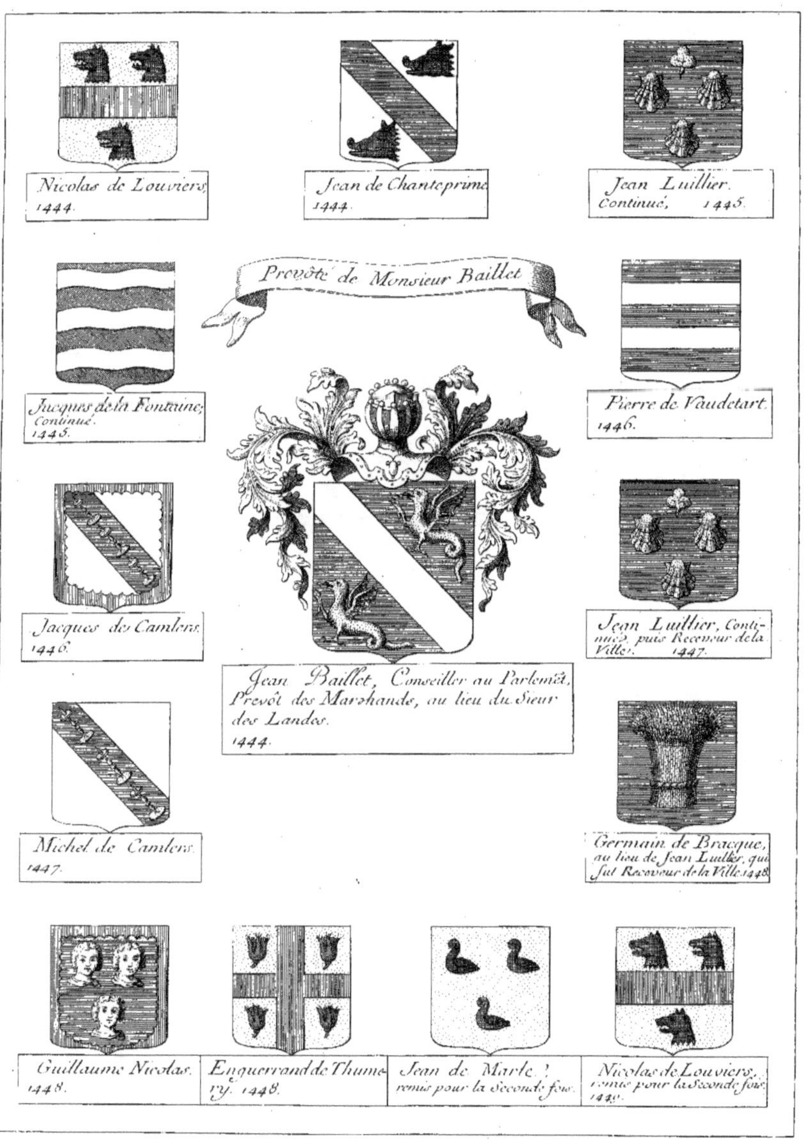

Nicolas de Louviers.
1444.

Jean de Chanteprime.
1444.

Jean Luillier.
Continué, 1445.

Jacques de la Fontaine,
Continué.
1445.

Pierre de Vaudetart.
1446.

Jacques de Camlers.
1446.

Jean Luillier, Conti-
nué, puis Receveur de la
Ville. 1447.

Jean Baillet, Conseiller au Parlemêt,
Prevôt des Marchands, au lieu du Sieur
des Landes.
1444.

Michel de Camlers.
1447.

Germain de Bracque,
au lieu de Jean Luillier, qui
fut Receveur de la Ville. 1448.

Guillaume Nicolas.
1448.

Enguerrand de Thume-
ry. 1448.

Jean de Marle ?
remis pour la Seconde fois.

Nicolas de Louviers,
remis pour la Seconde fois.
1449.

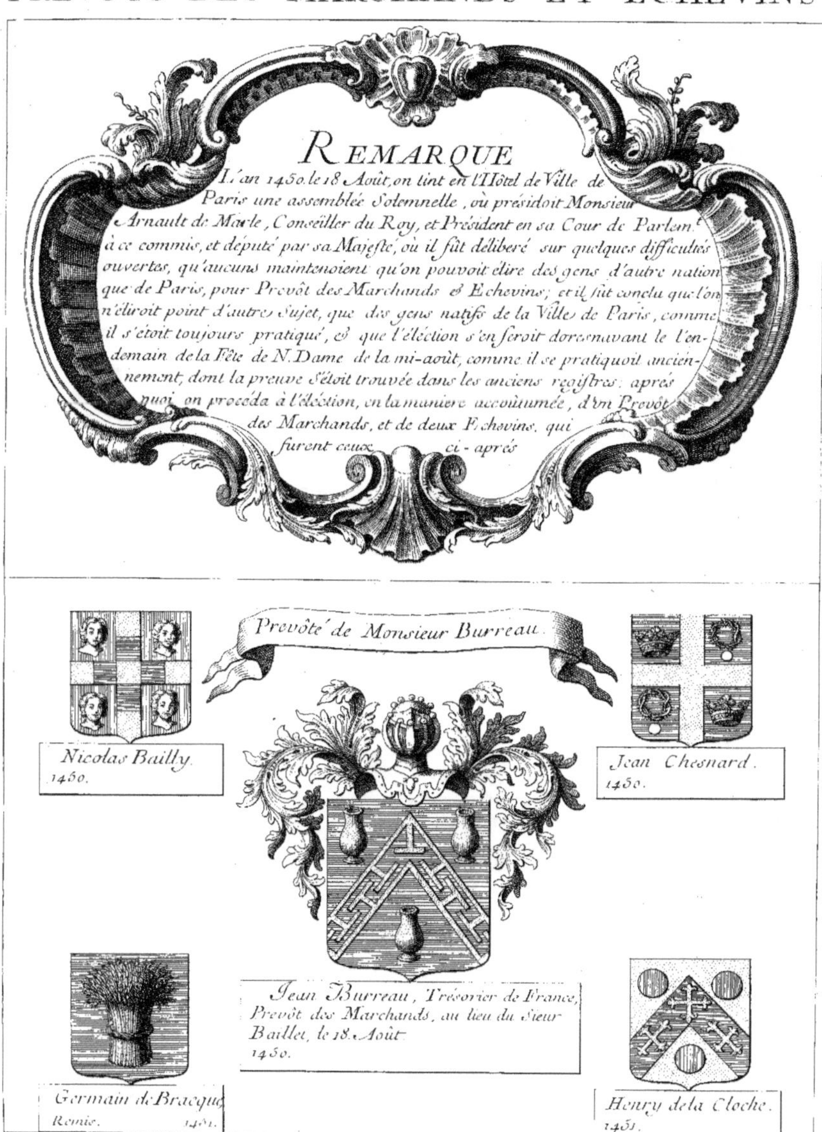

REMARQUE

L'an 1450. le 18 Août, on tint en l'Hôtel de Ville de
Paris une assemblée Solemnelle, où présidoit Monsieur
Arnault de Marle, Conseiller du Roy, et Président en sa Cour de Parlem.t
à ce commis, et deputé par sa Majesté, où il fût déliberé sur quelques difficultés
ouvertes, qu'aucuns maintenoient qu'on pouvoit élire des gens d'autre nation
que de Paris, pour Prevôt des Marchands & Echevins; et il fut conclu que l'on
n'éliroit point d'autre Sujet, que des gens natifs de la Ville de Paris, comme
il s'etoit toujours pratiqué, & que l'élection s'en feroit doresnavant le l'en-
demain de la Fête de N. Dame de la mi-août, comme il se pratiquoit ancien-
nement, dont la preuve s'étoit trouvée dans les anciens regiftres: aprés
quoi on procéda à l'élection, en la maniere accoûtumée, d'un Prevôt
des Marchands, et de deux Echevins. qui
furent ceux ci - aprés

Nicolas Bailly.
1450.

Jean Chesnard.
1450.

Jean Burreau, Trésorier de France,
Prevôt des Marchands, au lieu du Sieur
Baillet, le 18. Août
1450.

Germain de Bracque
Remie. 1451.

Henry de la Cloche.
1451.

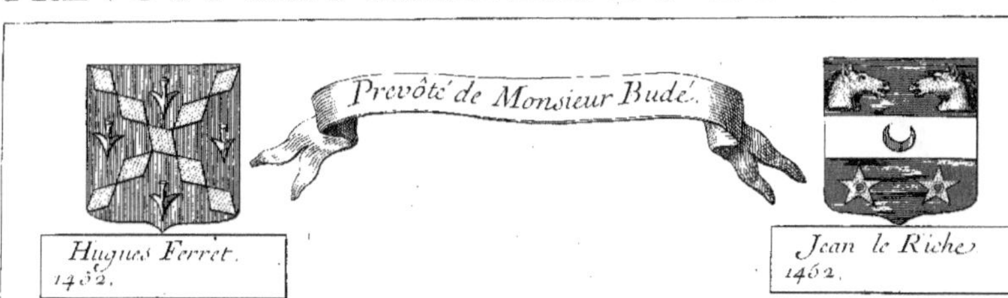

Hugues Ferret.
1452.

Jean le Riche.
1452.

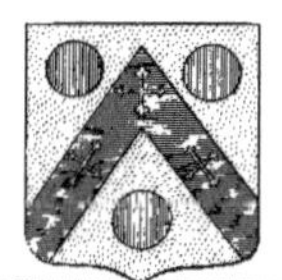

Henry de la Cloche.
continué.
1453.

Arnault de Luillier.
1453.

de Clerbourg
1454.

Hugues Ferret,
continué.
1454.

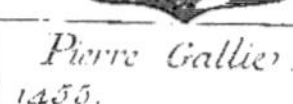

Pierre Gallie.
1455.

Philippe Lallement.
1455.

Prevôté de Mons.r de Nanterre.
Jacques de Hacque-ville. 1455.
Michel de la Grange. 1456.
Pierre Gallié. 1457.
Michel Laisié. 1457.
Jean de Nanterre, Président des Requêtes du Palais, Prevôt des Marchands, au lieu du Sieur Budé, le 16. Aoust 1466.
Guillaume le Maçon. 1458.
Jacques d'Erpy. 1458.
Jean de Clerbourg. 1459.
Pierre Mesnard. 1459.

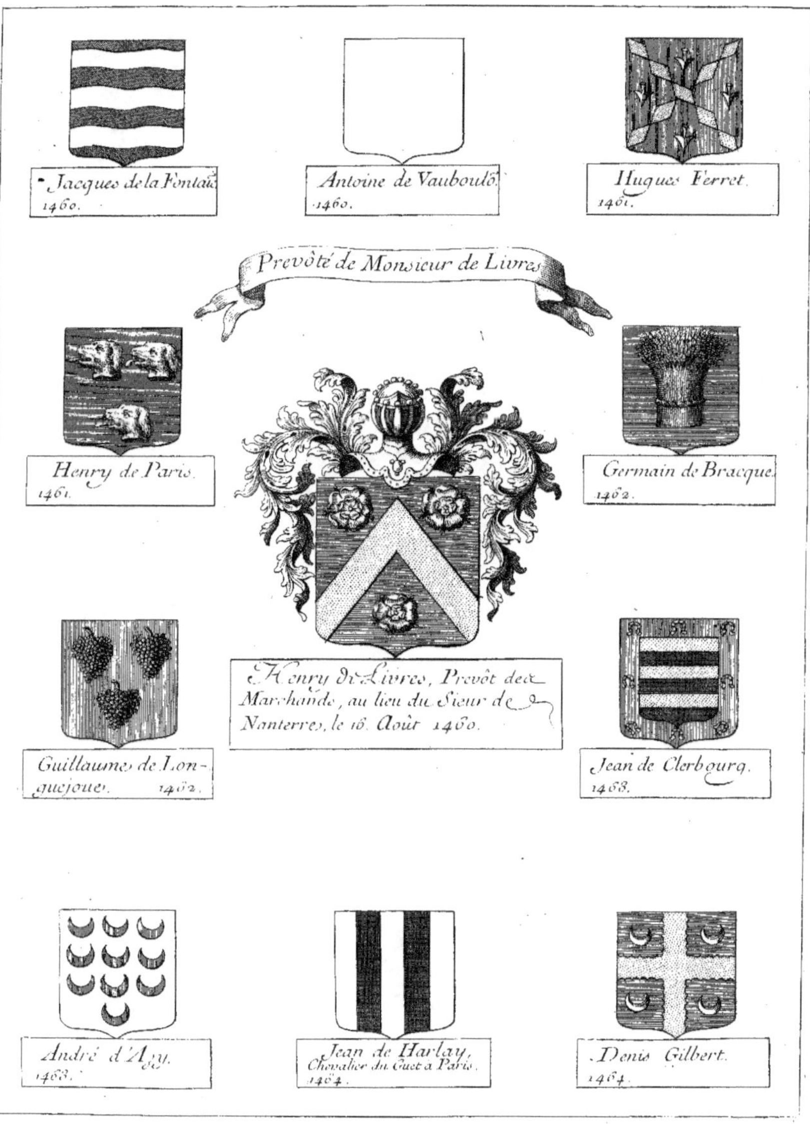

Jacques de la Fontaine.
1460.

Antoine de Vaubouló.
1460.

Hugues Ferret.
1461.

Henry de Paris.
1461.

Germain de Bracque.
1462.

Henry de Livres, Prevôt des
Marchands, au lieu du Sieur de
Nanterre, le 16. Août 1460.

Guillaume de Lon-
guejoue. 1462.

Jean de Clerbourg.
1463.

André d'Agy.
1463.

Jean de Harlay,
Chevalier du Guet à Paris.
1464.

Denis Gilbert.
1464.

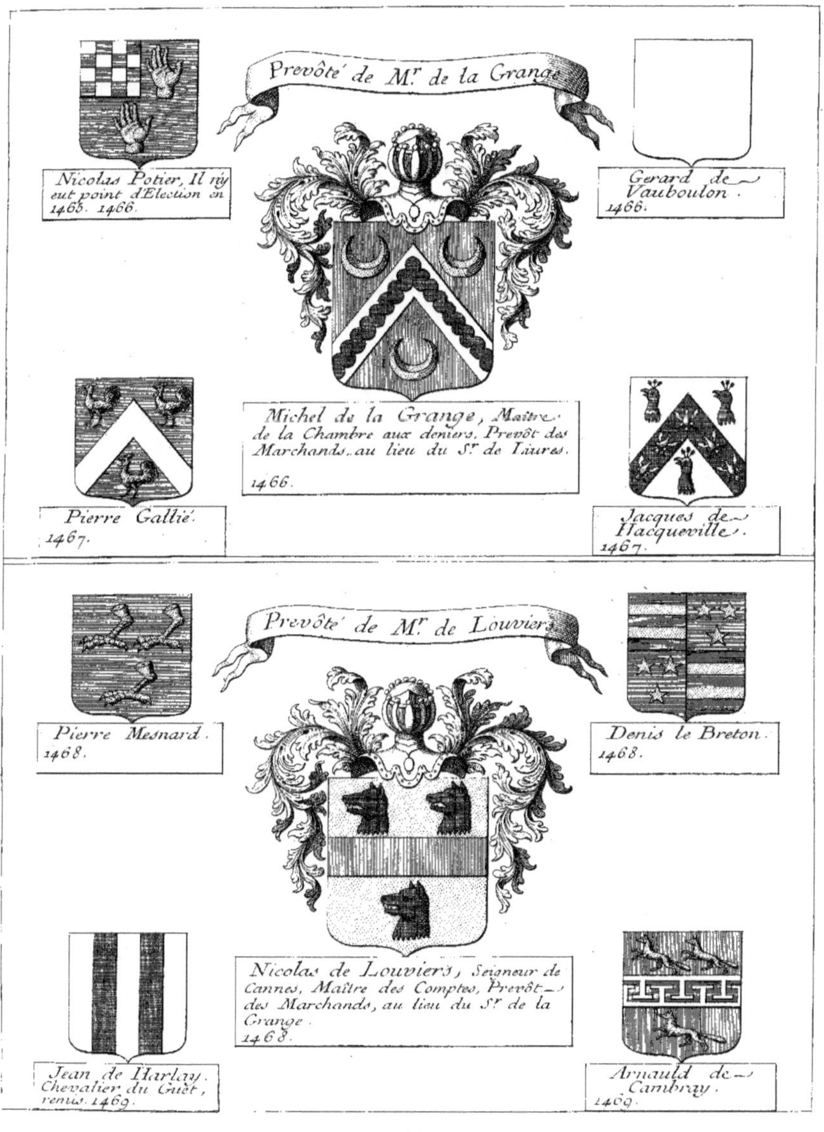

Nicolas Potier, Il ny eut point d'Election en 1465. 1466.

Gerard de Vauboulon. 1466.

Michel de la Grange, Maître de la Chambre aux deniers, Prevôt des Marchands, au lieu du Sr. de Iaures. 1466.

Pierre Gallié. 1467.

Jacques de Hacqueville. 1467.

Pierre Mesnard. 1468.

Denis le Breton. 1468.

Nicolas de Louviers, Seigneur de Cannes, Maître des Comptes, Prevôt des Marchands, au lieu du Sr. de la Grange. 1468.

Jean de Harlay, Chevalier du Guèt, renus. 1469.

Arnauld de Cambray. 1469.

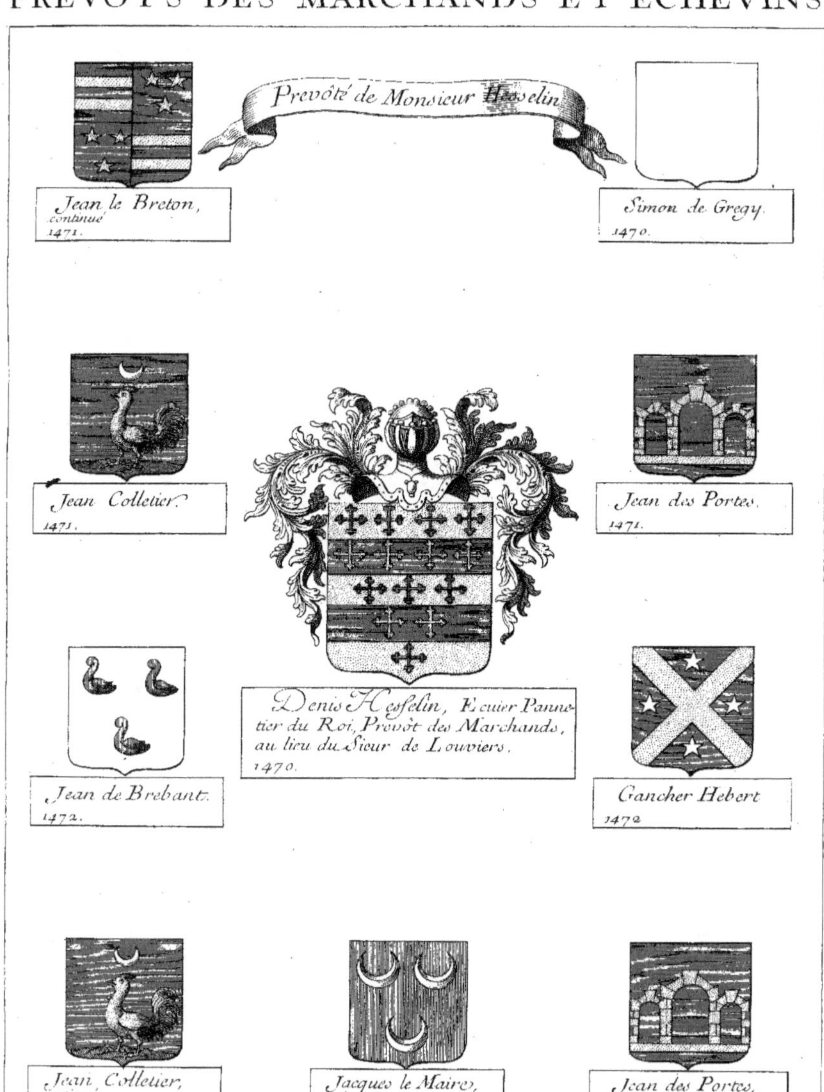

Jean le Breton, continué 1471.

Simon de Gregy. 1470.

Jean Colletier. 1471.

Jean des Portes. 1471.

Jean de Brebant. 1472.

Gancher Hebert 1472

Jean Colletier, continué. 1473.

Jacques le Maire, qui mourut tost après. 1473.

Jean des Portes, remis au lieu du Sr. le Maire. 1473.

Germain de Marle.
1474.

Guillaume le Jay.
1474.

Prevôté de Monsieur le Comte

Guillaume Le Comte, Conseiller
du Roy, Grénetier de Paris, Prevôt
des Marchands, au lieu du S.r Hesselin.
1474.

Jean Colletier,
continué.   1475.

Jean des Portes.
1475.

Germain de Marle, continué. 1476.
Jean des Vignes. 1476.
Jean Colletier, continué. 1477.
Henry le Breton. 1477.
Prevôté de Mons.r de Livres.
Germain de Marle, continué. 1478.
Jean des Vignes, continué. 1478.
Jean Colletier, continué. 1479.
Simon de Neufville. 1479.
Jean des Vignes, continué. 1480.
Henry de Livres, Conseiller du Roi, Prevôt des Marchands, au lieu du Sieur le Comte. 1476.
Imbert Luiller. 1480.
Jean Colletier, continué. 1481.
Simon de Neufville, continué. 1481.
Imbert Luiller. 1482.
Nicolas du Hamel. 1482.
Jean Colletier, continué. 1483.
Simon de Neufville, continué. 1483.

Gancher Hebert.
1484.

Jacques Nicolas.
1484.

Guillaume de la Haye, Président des Requêtes du Palais, Prevôt des March.ds au lieu du Sieur de Livres, depuis Président à Mortier au Parlement de Paris. 1484.

Jean de Harlay,
Chevalier du Guet. 1485.

Jean de Ruel.
1485.

Guillaume de Hac-
queville. 1486.

Jacques Vaulquier,
1486.

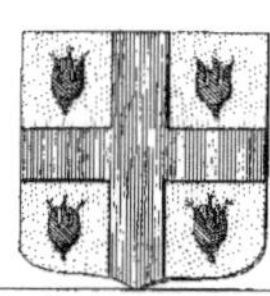

Denis Thumery,
mort en 1488.
1487.

Jean du Drac, Vicomte d'Ay,
Seigneur de Mareuil, Prevôt des Marchands, au lieu du Sieur de la Haye.
1486.

Nicolas Ferret,
1487.

Jacques Nicolas,
pour achever le tems du Sr.
de Thumery.

Louis de Montmiral
1488.

Jacques Testée
1488.

Gancher Hebert.
1489.

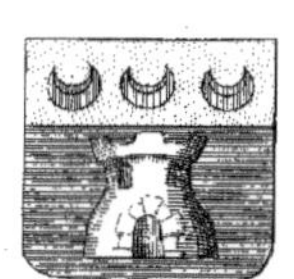

Jacques Vaulquier,
remis.
1489.

Prevôté de Monsieur Poignant
Simon Malingre.
1490.
Charles le Coq
Général des Monöyes
1490.
Pierre Poignant, Conseillier au Parleme.t
Prevôt des Marchands, au lieu du Sieur
du Drac.
1490.
Pierre de la Poterne.
1491.
Jean le Liévre.
1491.
Prevôté de Monsieur Piédefer
Jacques Vaulquier,
remis   1492.
Raoul de Hacqueville
1492.
Jacques Piédefer, Avocat en Parle—
ment, Prevôt des Marchands, au lieu du S.r
Poignant.
1490.
Pierre Raoulin.
1493.
Jean Brulard.
1493.

PREVÔTS DES MARCHANDS ET ECHEVINS

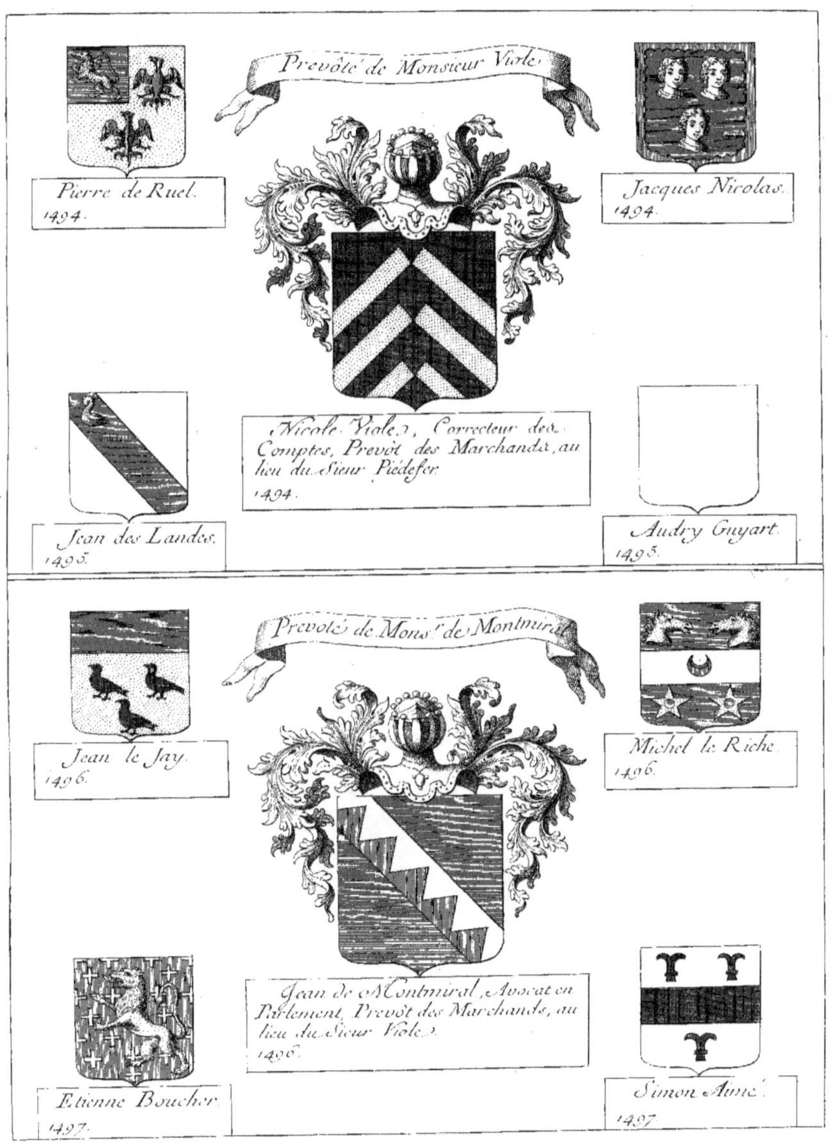

Prevôté de Mr. Piedefer.
Antoine Malingre.
1498.
Louis de Harlay.
1498.
Jacques Piedefer, Avocat en Parlement, remis Prevôt des Marchand.
au lieu du Sr. de Montmiral.
1498.
Pierre Turquant.
1499.
Bernard Ripault.
1499.
Prevôté de Mr. Potier.
Jean de la Pite.
1500.
Jean de Marle.
1500.
Nicolas Potier, Général des Monoyes, Prevôt des Marchands. au
lieu du Sieur Piedefer.
1500.
Les 4. Echevins ont été con-
tinuez en 1501.
Jean le Lievre.
1500.
Jean de Lolive.
1500.

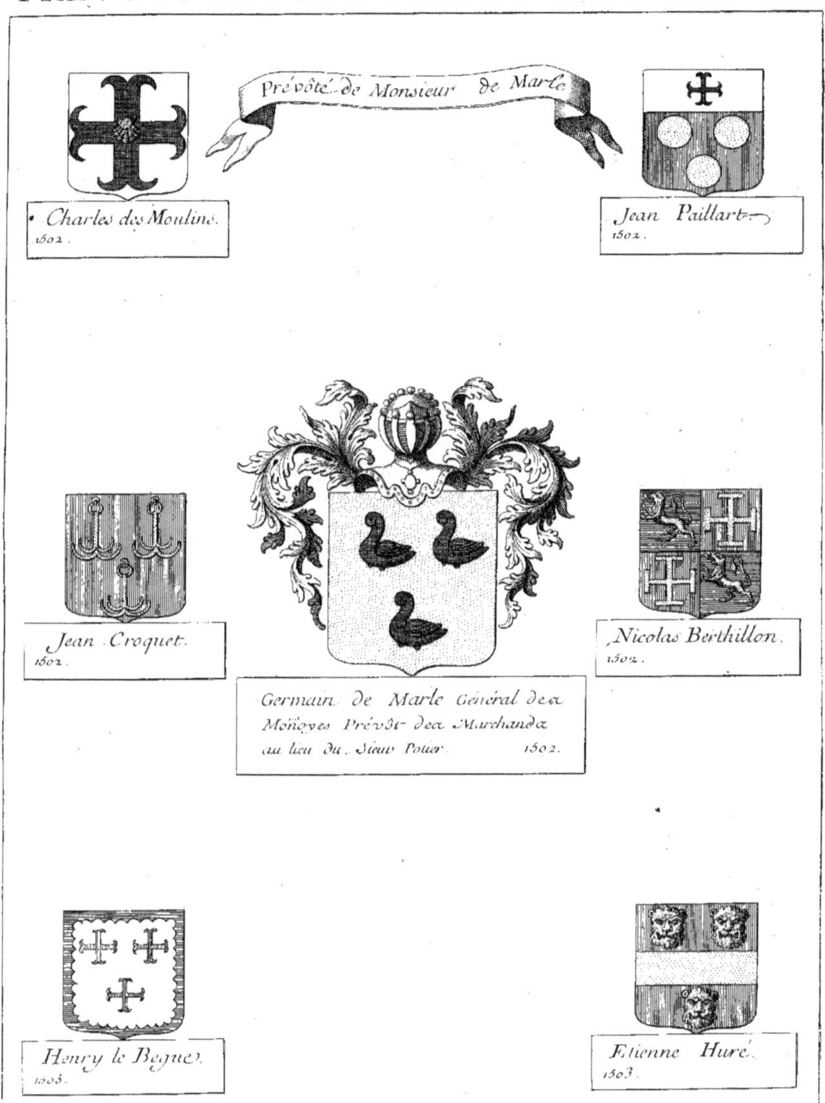

Charles des Moulins.
1502.

Jean Paillart.
1502.

Jean Croquet.
1502.

Germain de Marle Général des
Monoyes Prévôt des Marchands
au lieu du Sieur Potier. 1502.

Nicolas Berthillon.
1502.

Henry le Begue.
1503.

Etienne Huré.
1503.

Prevôté de Monsieur Luillier

Pierre le Maçon.
1504.

Jean Hebert.
1504.

Pierre Paulmier.
1505.

Jean le Lièvre.
1505.

Eustache Luillier, Seigneur de
Saint Mesmin, Maître des Comptes,
Prevôt des Marchands, au lieu du S.r
de Marle.   1506

Prevôté de Monsieur Raguier.

Nicolas Seguier
1506.

Hugues de Neufville.
1506.

Etienne Savin.
1507.

Etienne Huré,
remis.   1507.

Dreux Raguier, Ecuier, Seig.r
de Tummelle, Maître des Eaux &
Forêts, Prevôt des Marchands, au
lieu du Sieur Luillier.   1506.

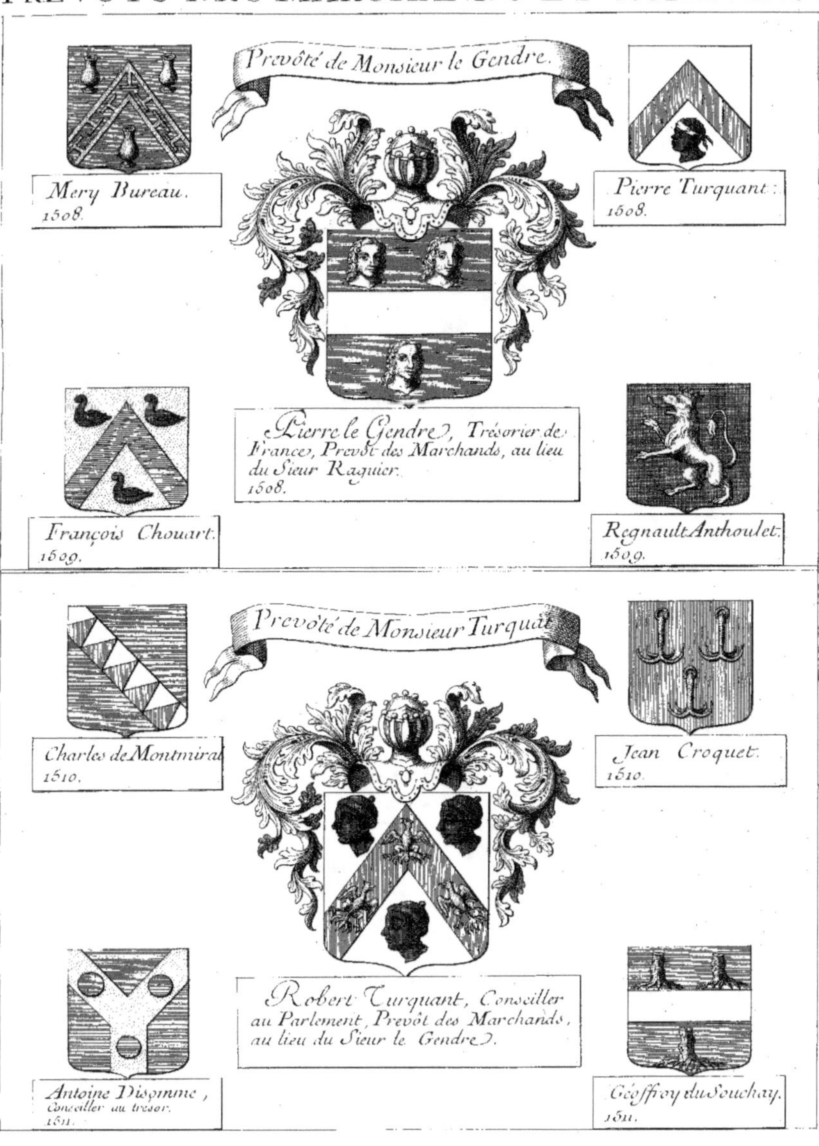
Prevôté de Monsieur le Gendre.
Mery Bureau.
1508.
Pierre Turquant.
1508.
Pierre le Gendre, Trésorier de France, Prevôt des Marchands, au lieu du Sieur Raguier.
1508.
François Chouart.
1509.
Regnault Anthoulet.
1509.
Prevôté de Monsieur Turquant
Charles de Montmiral
1510.
Jean Croquet.
1510.
Robert Turquant, Conseiller au Parlement, Prevôt des Marchands, au lieu du Sieur le Gendre.
Antoine Dispinme,
Conseiller au tresor.
1511.
Géoffroy du Souchay.
1511.

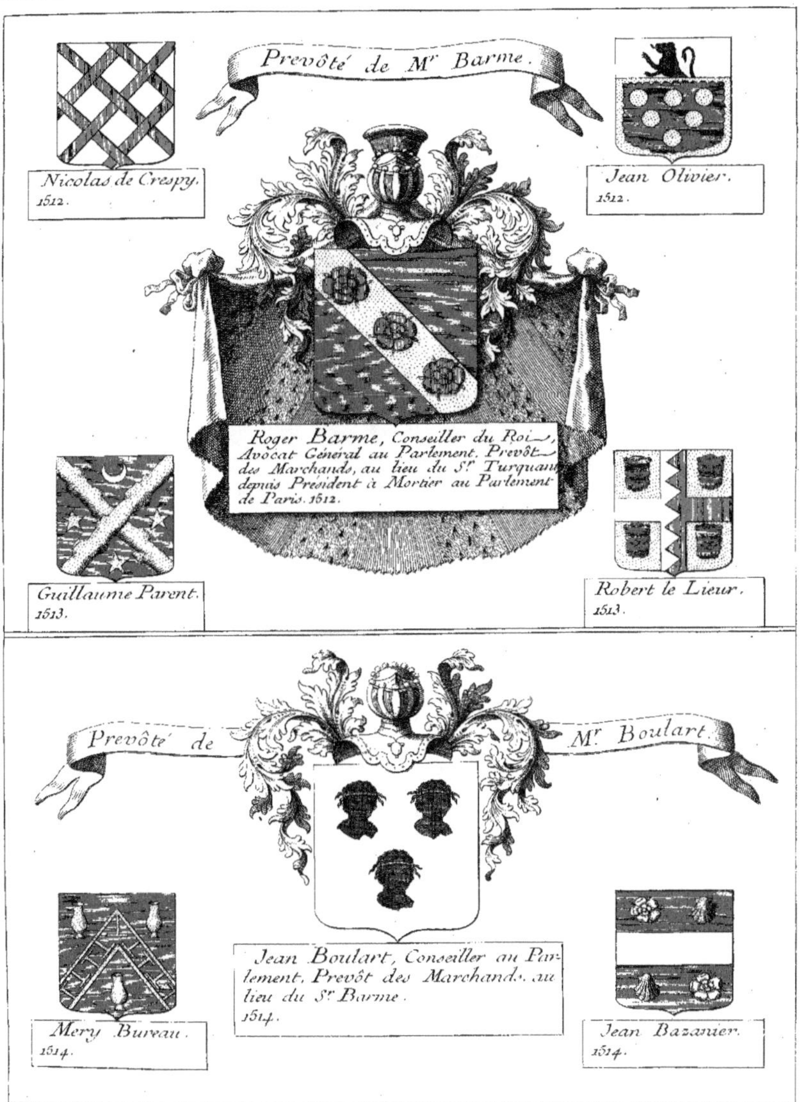
Prevôté de Mr Barme.
Nicolas de Crespy.
1512.
Jean Olivier.
1512.
Roger Barme, Conseiller du Roi,
Avôcat Général au Parlement. Prevôt
des Marchands, au lieu du Sr Turquant
depuis Président à Mortier au Parlement
de Paris. 1612.
Guillaume Parent.
1513.
Robert le Lieur.
1513.
Prevôté de   Mr Boulart.
Jean Boulart, Conseiller au Parlement. Prevôt des Marchands, au
lieu du Sr Barme.
1514.
Mery Bureau.
1514.
Jean Bazanier.
1514.

PREVÔTS DES MARCHANDS ET ECHEVINS

Prevôté de Monsieur Clutin.

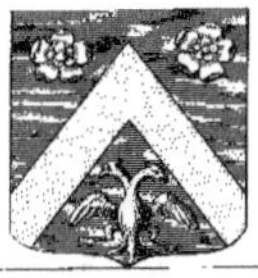

Jacques le Lievre.
1515.

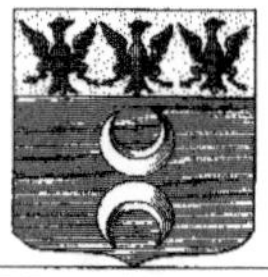

Miles Perrot.
1515.

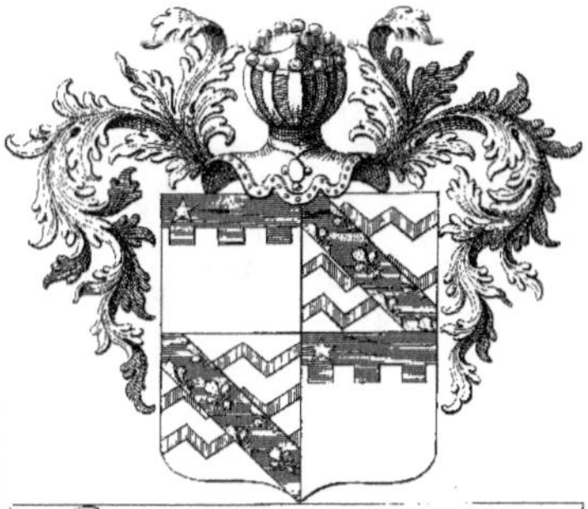

Pierre Clutin, Conseiller au Parlement; Prevôt des Marchands, au lieu du Sieur Boulart.
1516.

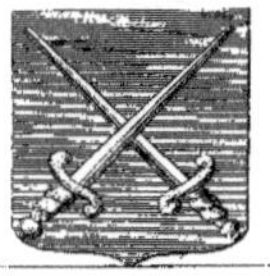

Jean du Bus.
1516.

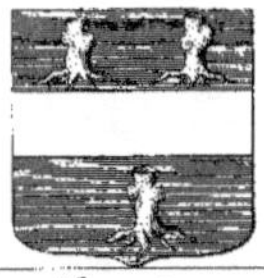

Geoffroy du Souchay
1516.

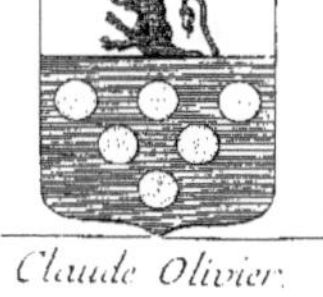

Claude Olivier.
1517.

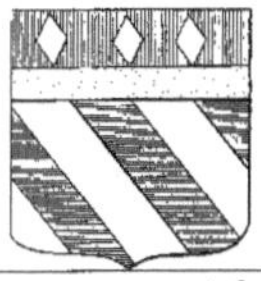

Pierre de Soulfour.
1517.

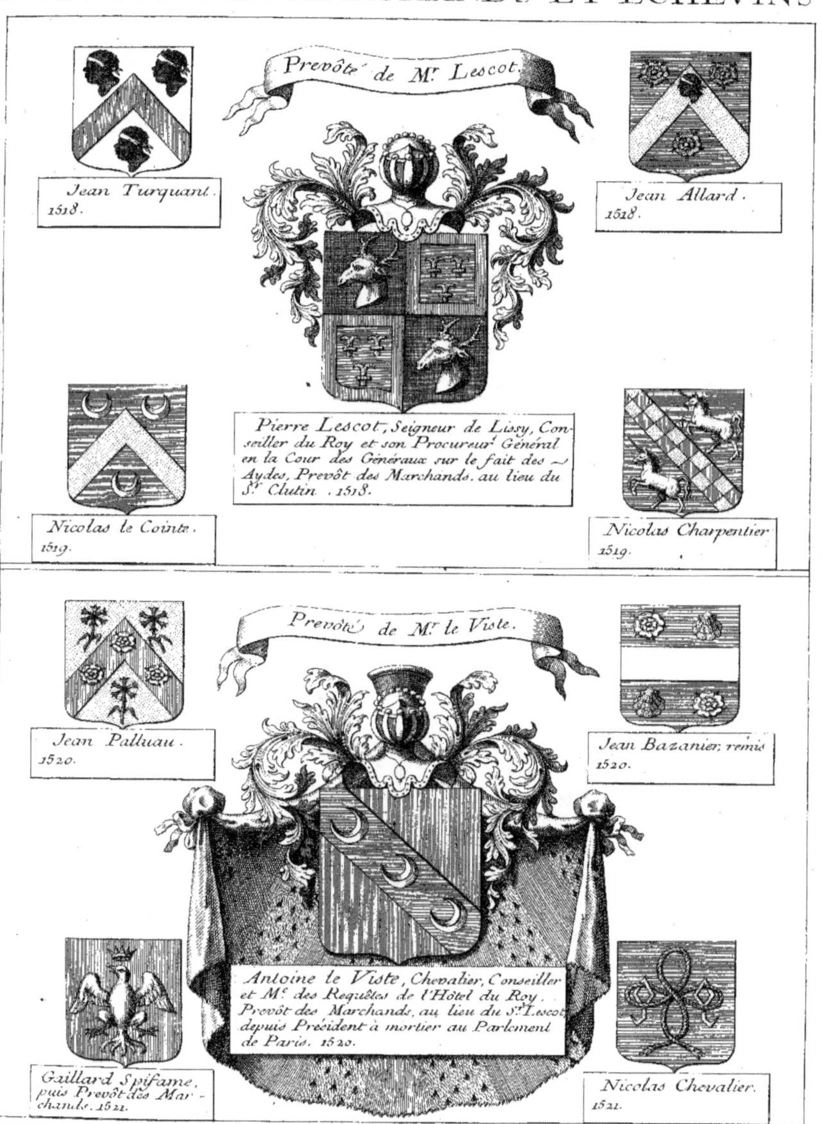

Prevôté de Mr. Lescot.
Jean Turquant. 1518.
Jean Allard. 1518.
Pierre Lescot, Seigneur de Lissy, Conseiller du Roy et son Procureur Général en la Cour des Généraux sur le fait des Aydes, Prevôt des Marchands, au lieu du Sr. Clutin. 1518.
Nicolas le Cointe. 1519.
Nicolas Charpentier. 1519.
Prevôté de Mr. le Viste.
Jean Palluau. 1520.
Jean Bazanier, remis 1520.
Antoine le Viste, Chevalier, Conseiller et Mre. des Requêtes de l'Hôtel du Roy, Prevôt des Marchands, au lieu du Sr. Lescot depuis Préident à mortier au Parlement de Paris. 1520.
Gaillard Spifame, puis Prevôt des Marchands. 1521.
Nicolas Chevalier. 1521.

Jean Croquet.
1522.

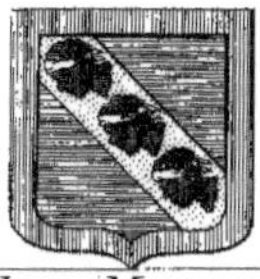

Jean Morin, puis
Prevôt des Marchands.
1522.

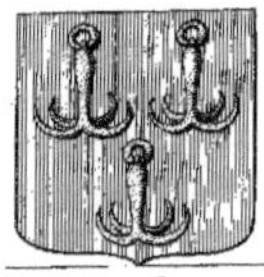

Prévôté de Monsieur Budé de Marly

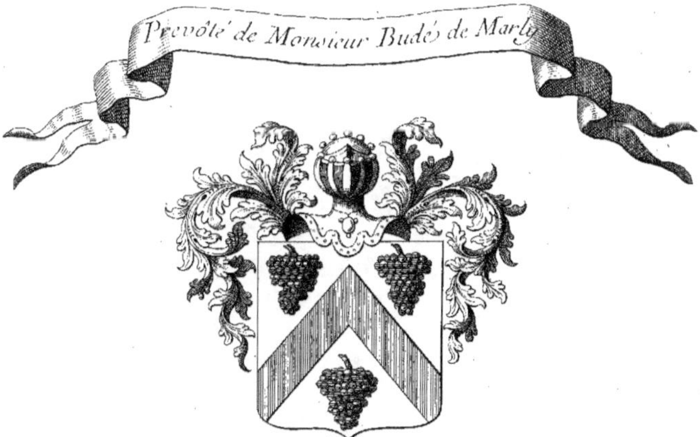

Guillaume Budé, Seigneur de
Marly-la-Ville, Maître des Requêtes de
l'Hôtel du Roy, et M.ͬᵉ de la Librairie,
Prevôt des March.ᵈˢ au lieu du S.ͬ le Viste. 1522

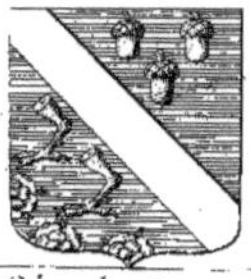

Claude Sanguin.
1523.

Jean le Clerc, Sg.ͬ
d'Armendielles, Auditeur
des Comptes. 1523.

Guillaume Seguier,
mort en 1528.
1524.

Claude le Lievre.
1524.

Prevôté de Monsieur Morin

Jean Morin, Lieutenant
Général des Baillages de Paris et du
Palais, Prevôt des Marchands, au lieu
du Sieur Budé. 1524.

Pierre Lormier,
pour achever le tems du
Sieur Seguier. 1525.

Claude Foucault,
Sr de Maudestour.
1525.

Jean Turquant,
Quartinier.
1525.

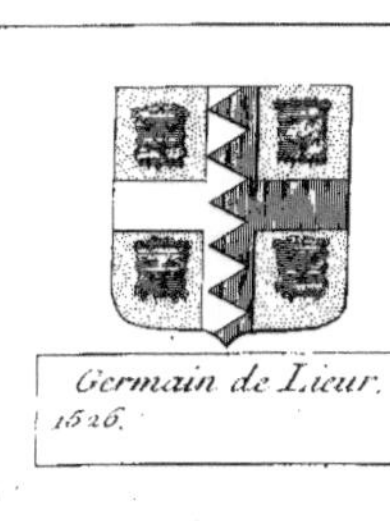

Germain de Lieur.
1526.

Jacques Pinet.
1526.

Germain de Marle, Seigneur de Tillay, Conseiller Nottaire et Secretaire du Roy, et Général de ses Monnoyes, Prevôt des Marchands, au lieu du Sieur Morin. 1526.

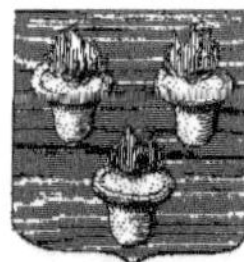

Nicole Guesdon,
Avocat.
1527.

Francois Gayant,
Auditeur des Comptes.
1527.

Claude Maciot,
Quartinier.
1528.

Pierre Fournier.
1528.

Gaillard Spifame, Seigneur de Passeaux, Général de France en la Charge d'Outreseine, Prevôt des Marchands, au lieu du Sieur de Marle. 1528.

Regnault Picard,
Nottaire et Secretaire du
Roy. 1529.

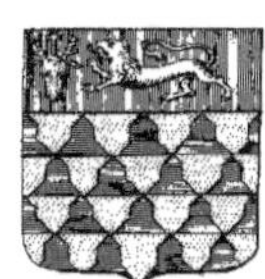

Pierre Hennequin,
Avocat.
1529.

Prevôté de Monsieur Luillier
Jean de Mouff...
1530.
Simon Teste,
1530.
Jean Luillier, M.e des Comptes,
Prevôt des Marchands, au lieu
du Sieur Spifame. 1530.
Gervais Larcher.
1531.
Jacques Boursier.
1531.
Prevôté de Monsieur Violle,
Claude Daniel,
Conseiller du Roi. 1532.
Jean Barthelemi.
1532.
Pierre Violle, Conseiller au Par-
lement, Prevôt des Marchands, au
lieu du Sieur Luillier. 1532.
Martin de Bragelonone,
Conseiller au Baillage du
Palais. 1633.
Jean Courtin,
Conseiller du Roi. 1533.

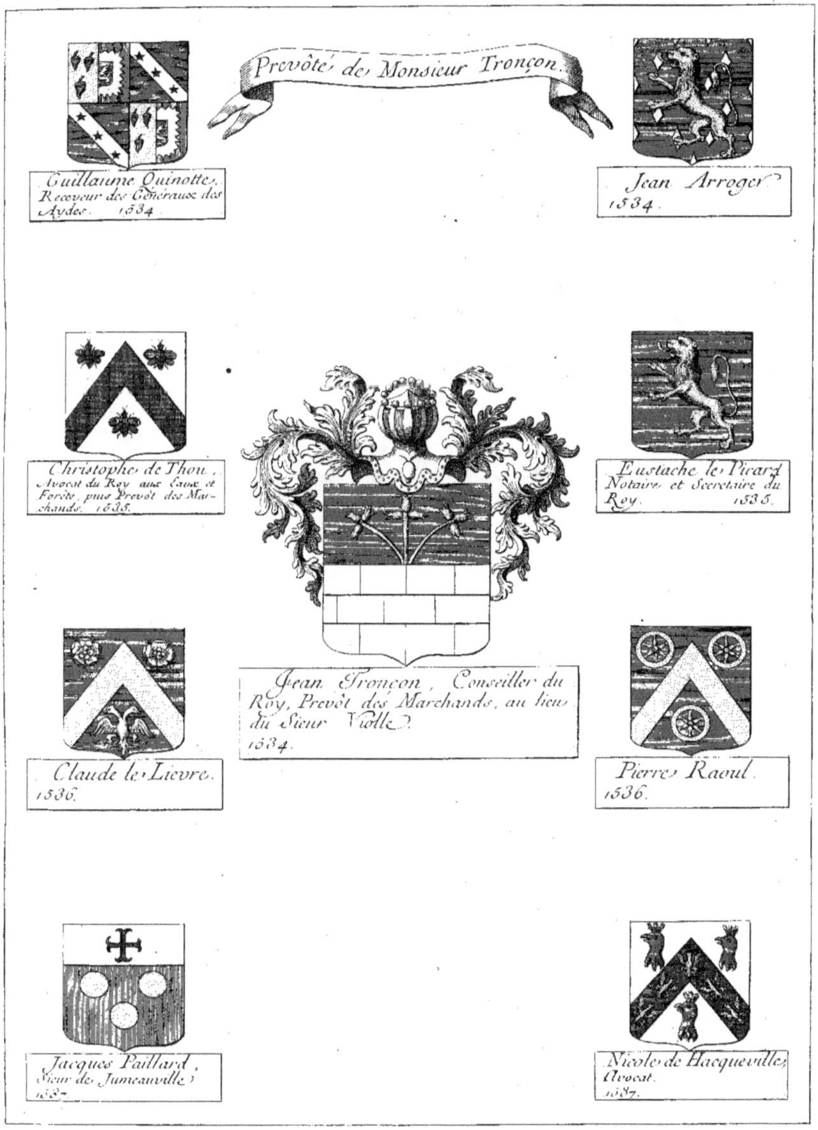

Prevôté de Monsieur Tronçon.

Guillaume Quinotte,
Receveur des Généraux des
Aydes. 1534.

Jean Arroger.
1534.

Christophe de Thou,
Avocat du Roy aux Eaux et
Forêts, puis Prevôt des Mar-
chands. 1635.

Eustache le Picard,
Notaire et Secretaire du
Roy. 1536.

Jean Tronçon, Conseiller du
Roy, Prevôt des Marchands, au lieu
du Sieur Violle.
1534.

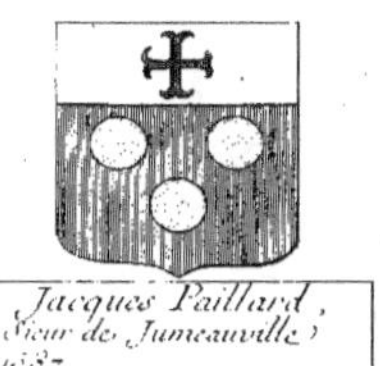

Claude le Lievre.
1536.

Pierre Raoul.
1536.

Jacques Paillard,
Sieur de Jumeauville.
1537.

Nicole de Hacqueville,
Avocat.
1537.

Prevôté de Monsieur de Thou.
Jean Crochet.
1538.
Guillaume Danés.
1538.
Augustin de Thou, Conseiller au Parlement
Prevôt des Marchands, au lieu du Sieur Tron-
çon, depuis Président à Mortier au Parlement
de Paris. 1538.
Antoine le Coincte,
Conseiller au Parlement
1539
Jean Parfait.
1539.
Prevôté de Monsieur de Montmiral.
Guillaume le Gras.
1540.
Guichard Courtin.
1540.
Etienne de Montmiral, Conseiller au
Parlement, Prevôt des Marchands, au lieu
du Sieur de Thou.
1540.
Thomas de Bragelongne,
Conseiller du Roy et la conser-
vation des Privileges de l'Uni-
versité de Paris. 1541.
Nicolas Perrot.
1541.

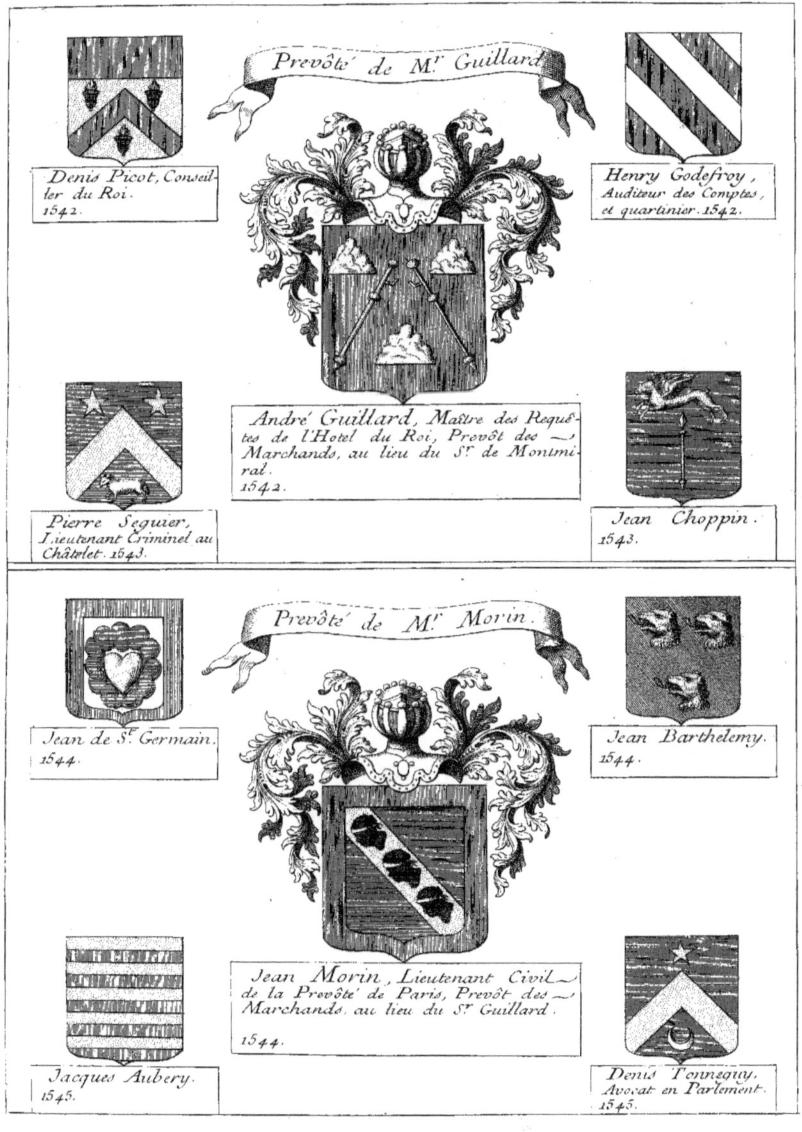
Prevôté de M.r Guillard

Denis Picot, Conseil-
ler du Roi.
1542.

Henry Godefroy,
Auditeur des Comptes,
et quartinier. 1542.

André Guillard, Maître des Requêtes de l'Hotel du Roi, Prevôt des
Marchands, au lieu du S.r de Montmiral.
1542.

Pierre Seguier,
Lieutenant Criminel au
Châtelet. 1543.

Jean Choppin.
1543.

Prevôté de M.r Morin

Jean de S.t Germain.
1544.

Jean Barthelemy.
1544.

Jean Morin, Lieutenant Civil
de la Prevôté de Paris, Prevôt des
Marchands, au lieu du S.r Guillard.
1544.

Jacques Aubery.
1545.

Denis Tonnequy,
Avocat en Parlement.
1545.

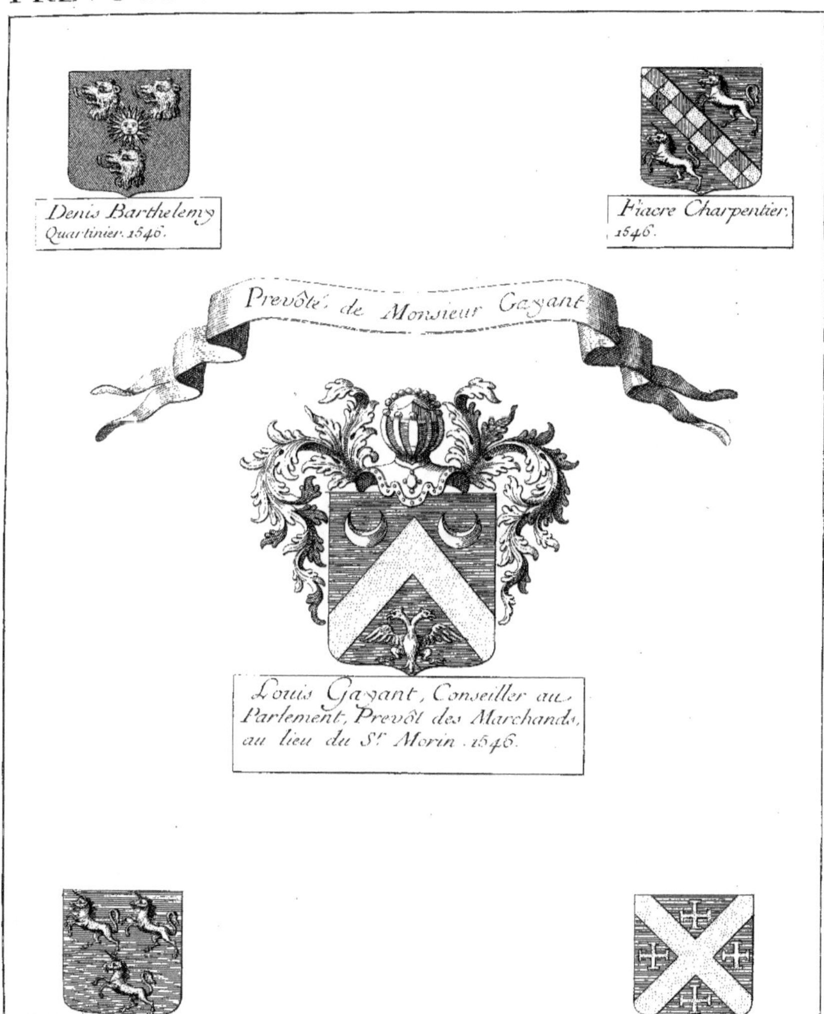

Denis Barthelemy
Quartinier. 1540.

Fiacre Charpentier.
1546.

Louis Gayant, Conseiller au
Parlement, Prevôt des Marchands,
au lieu du Sr. Morin. 1546.

Nicole le Cirier.
Avocat. 1547.

Michel Vialart.
Lieutenant de la Conser-
vation. 1547.

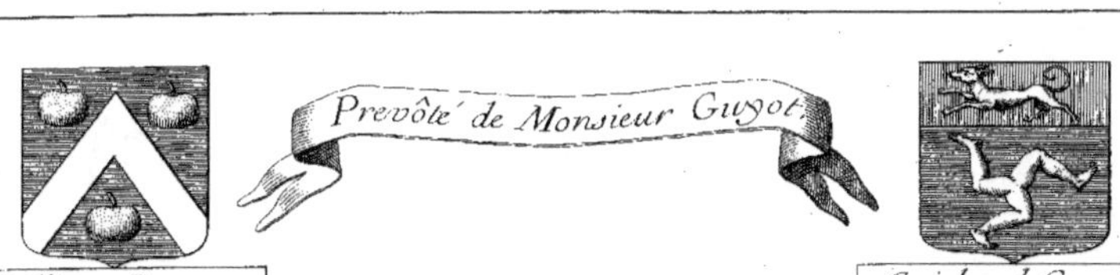

Guillaume Pommereu.
1548.

Guichard Courtin.
1548.

Antoine Soly.
1549.

Claude Guyot, Conseiller Notaire et Secretaire du Roi, Prevôt des
Marchands, au lieu du Sr. Gayant,
1548.

Guillaume Choart.
1549

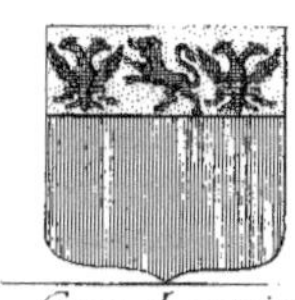

Jean le Jay.
1550.

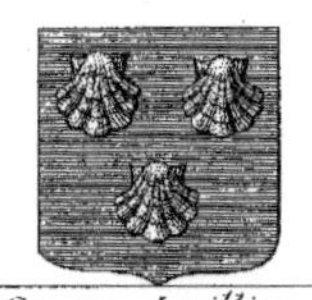

Cosme Luillier.
1550.

Guy Lormier.
1551.

Robert Desprez.
1551.

Prevôté de Monsieur de Thou
Thomas le Lorrain.
1552.
Jean de Breda.
1552.
Christophe de Thou, Nottaire et Sécretaire du Roy et Avocat en Parlement, Prevôt des Marchands, au lieu du Sieur Guyot; depuis 1.er Président au Parlement de Paris. 1552.
Claude le Sueur.
1553.
Jean de Soulfour.
1553.
Prevôté de Monsieur de Liures
Jean de Palluau,
Conseiller Nottaire et Sécretaire du Roy. 1554
Jean Lescalopier.
1554.
Nicole de Liures, Conseiller Nottaire et Sécretaire du Roy, Prevôt des Marchands, au lieu du Sieur de Thou.
1554.
Germain Bourcier.
1555.
Michel du Ru.
1555.

Prevôté de Monsieur Perrot.
Prevôté de Mons.r de Bragelongne.
Guillaume de Courlay,
Controlleur de l'Audiance.
1556.
Jean Messier.
1556.
Nicolas Perrot, Conseiller au
Parlement, Prevôt des Marchands,
au lieu du Sieur de Livrée.
Augustin de Thou,
Avocat en Parlement.
1557.
Claude Marcel.
1557.
Pierre Prevost,
Elu de Paris.
1558.
Guillaume Larcher.
1558.
Martin de Bragelongne, Lieu-
tenant-Particulier, Civil et Criminel de
la Prevôté de Paris, Prevôt des Mar-
chands, au lieu du Sieur Perrot. 1558.
Jean Aubery.
1559.
Nicolas Godefroy.
1559.

Jean Sanguin,
Secretaire du Roi.
1560.
Nicolas Hac.
1560.
Christophe Lasnier,
qui n'a été qu'un an.
1561.
Prevôté de Monsieur de Marle
Henry Ladvocat.
1561.
Jean Lescalopier.
1562.
Guillaume de Marle, Sgr.
de Versigny, Prevôt des Marchands,
au lieu du Sieur de Bragelongne.
1560.
Mathurin le Camus,
mort le 26 Janvier.
Claude le Prestre,
au lieu du Sieur le Camus,
décédé. 1562.
Claude Marcel,
pour achever le tems du
Sieur Lasnier.
Jean Merault,
au lieu de Mr Marcel
qui n'accepta qu'en.
Jean le Sueur.
1563.

Pierre Prevost,
Elû de Paris. 1564.

Jean Sanguin,
Secretaire du Roi. 1564.

Guillaume Guyot, Seigneur
de Charmaux, Prevôt des Mar-
chands, au lieu du Sr de Marle.
1564.

Philippe le Lievre.
1565.

Pierre de la Cour,
1565.

Nicolas Bourgeois.
1566.

Jean de Bray.
1566.

Jacques Sanguin,
Seigneur de Livry. 1567.

Nicolas le Gendre, Seigneur de Villeroy, Prevôt des Marchands, au lieu du Sieur Guyot. 1566.

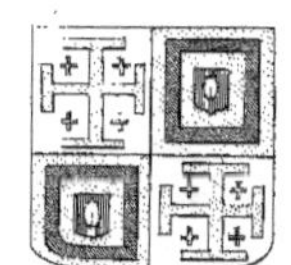

Claude Hervy.
1567.

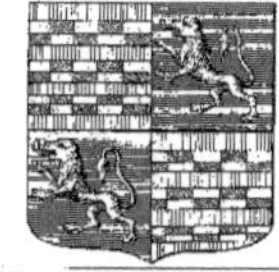

Hierôme de Varade,
1568.

Jacques Kerver.
1568.

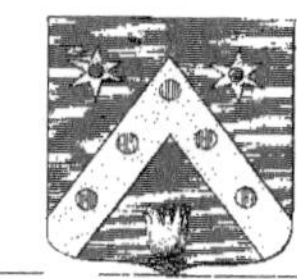

Pierre Poullin.
1569.

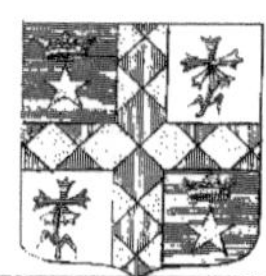

François Dauvergne,
Seigneur de Dampont. 1569.

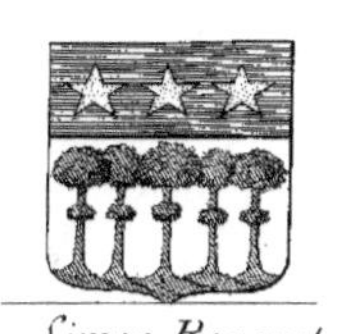

Simon Bocquet.
1570.

Simon de Cressé.
1570.

Claude Marcel, Général
des Monnoyes, Prevôt des Marchands,
au lieu du Sieur de Villeroy, depuis
Intendant des Finances. 1570.

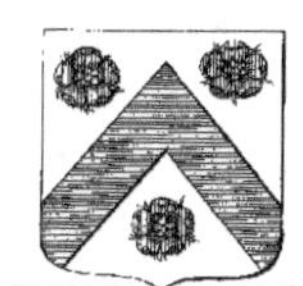

Guillaume le Clerc,
Avocat. 1571.

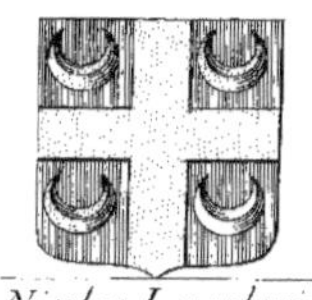

Nicolas Lescalopier,
Tresorier de France à
Caen. 1571.

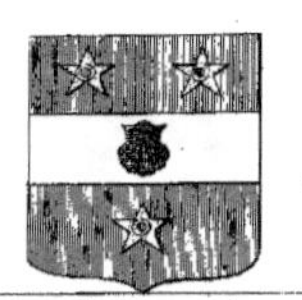

Jean de Bragelongne.
1572.

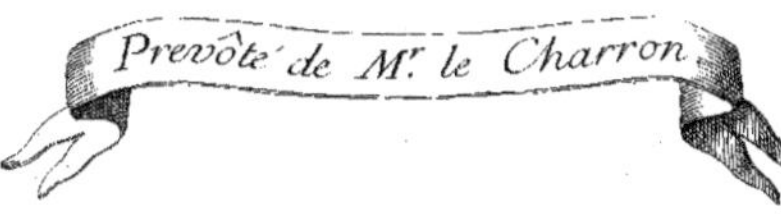

Robert Danès,
Greffier des Comptes. 1572.

Jean le Jay,
Seigneur de Ducy. 1573.

Jean le Charron, Président de
la Cour des Aydes, Prevôt des
Marchands, au lieu du Sr Marcel.
1572.

Jacques Perdrier,
Secretaire du Roi. 1573.

Claude Daubray,
Secretaire du Roi. 1574.

Guillaume Parfait.
1574.

Augustin le Prevost,
Seigneur de Brevana,
Secretaire du Roi. 1575.

Jean le Gresle,
Seigneur de Beaupré. 1576.

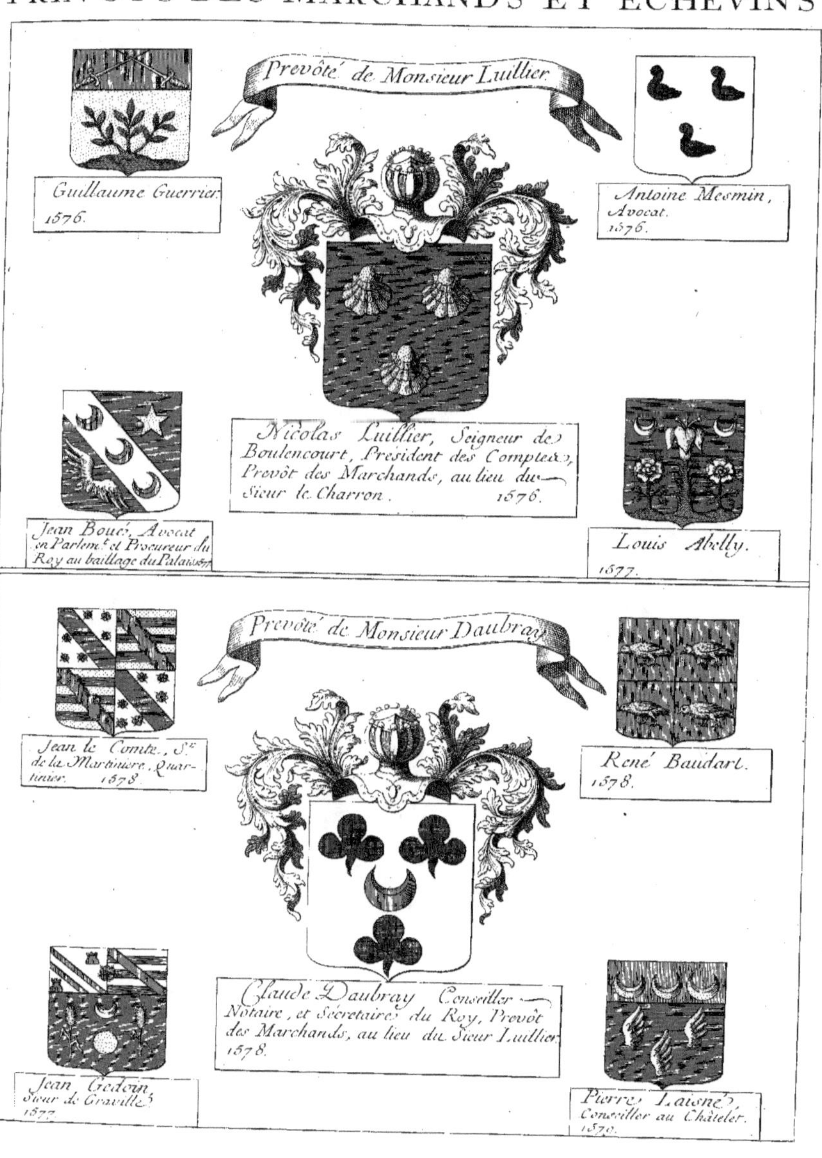

Prevôté de Monsieur Luillier.
Guillaume Guerrier.
1576.
Antoine Mesmin,
Avocat.
1576.
Nicolas Luillier, Seigneur de
Boulencourt, President des Comptes,
Prevôt des Marchands, au lieu du
Sieur le Charron.   1576.
Jean Boué, Avocat
en Parlem.t et Procureur du
Roy au bailliage du Palaiss.t
Louis Abelly.
1577.
Prevôté de Monsieur Daubray.
Jean le Comte, S.r
de la Martiniere, Quar-
tinier.   1578.
René Baudart.
1578.
Claude Daubray   Conseiller
Notaire, et Secretaire du Roy, Prevôt
des Marchands, au lieu du Sieur Luillier.
1578.
Jean Gedoin,
Sieur de Graville.
1577.
Pierre Laisné,
Conseiller au Chatelet.
1570.

Antoine Mesmin,
Avocat pour la 2.e fois
1580.
Nicolas Bourgeois.
1580.
Prevôté de Monsieur de Thou
Augustin de Thou, Avocat
Général au Parlement, Prevôt des March.ds
au lieu du Sieur d'Aubray, puis Présid.t
à mortier au Parlement.   1580.
René Poussepin,
Conseiller au Châtelet.
1581.
Denis Mamyneau,
Auditeur des Comptes.
1581.

Antoine Huot.
1582.

Jean de Loynes,
Avocat.   1582.

Hector Guedouin.
1583.

Etienne de Neully, Président
de la Cour des Aydes, Prevôt des
Marchands, au lieu du Sieur de Thou.
1582.

Jacques de la Fau,
où de la Fa.   1583.

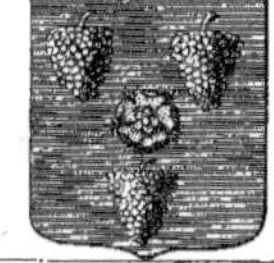

Pierre le Goix.
1684.

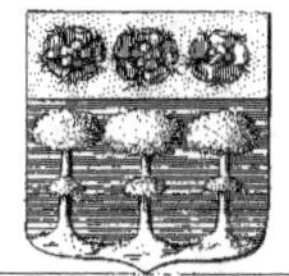

Remond Bourgeois.
1584.

Jean de la Barre,
décédé la même Année.
1585.

Philippe Hotman.
1585.

Jean le Breton,
Avocat le 13.e 7.bre 1585. au
lieu du S.r de la Barre.

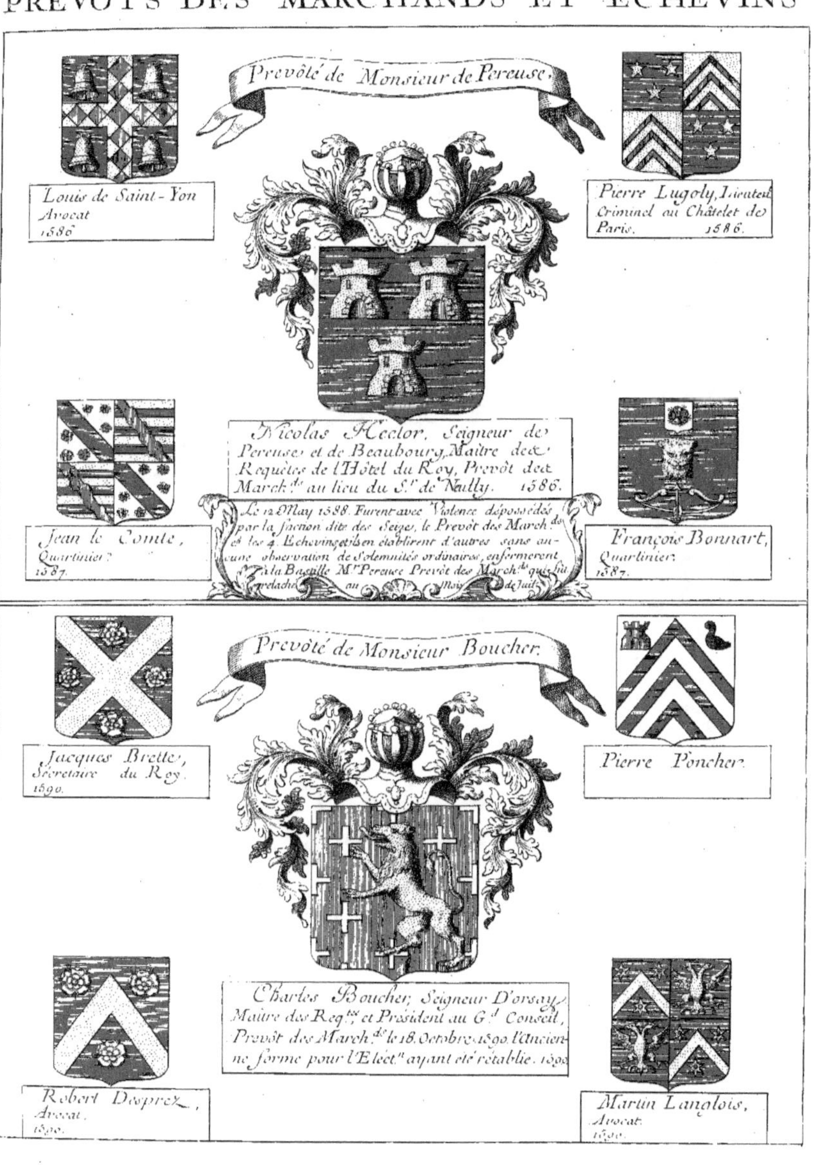

Prevôté de Monsieur de Pereuse

Louis de Saint-Yon
Avocat
1586

Pierre Lugoly, Lieuten.
Criminel au Châtelet de
Paris.   1586.

Nicolas Hector, Seigneur de
Pereuse et de Beaubourg, Maître des
Requêtes de l'Hôtel du Roy, Prevôt des
Marchds au lieu du Sr de Nully. 1586.

Le 12 May 1588. Furent avec Violence dépossédés
par la faction dite des Seize, le Prevôt des Marchds
et les 4. Echevins et ils en établirent d'autres sans aucune observation de Solemnités ordinaires, enfermerent
à la Bastille Mr Pereuse Prevôt des Marchds qui n'a
été relaché qu'au Mois de Juillet.

Jean le Comte,
Quartinier.
1587.

François Bonnart,
Quartinier.
1587.

Prevôté de Monsieur Boucher.

Jacques Brette,
Secretaire du Roy.
1590.

Pierre Poncher.

Charles Boucher, Seigneur D'orsay
Maitre des Reqtes et Président au Gd Conseil,
Prevôt des Marchds le 18 Octobre 1590 l'ancien-
ne forme pour l'Election ayant été rétablie. 1590

Robert Desprez,
Avocat.
1590.

Martin Langlois,
Avocat.
1590.

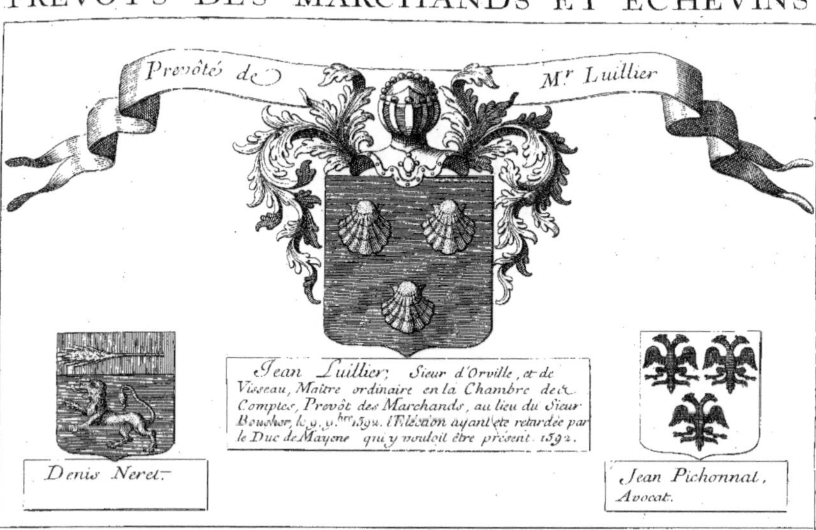

Réduction de la Ville de Paris à
l'obeissance du Roi Henry 4. le 22 Mars 1594. par l'en
tremise de Monsieur le Comte de Brissac, Gouverneur, de Mr.
Luillier d'Orville, Prevôt des Marchands, et du Sieur Langlois,
alors Echevin, favorisés de quelques bons et notables Bourgeois, la garnison
Espagnole chassee, le Roi y etant entré il fût tout armé descendre à
N. Dame pour y rendre graces à Dieu; & en memoire de cette heu-
reuse réduction, tous les ans à pareil jour il y a une procession
Solemnelle où toutes les Cours, & la Ville assistent à la Messe, qui
se Celebre en l'Eglise des Grands Augustins. Le 28. Mars de la
même Annee, sa Majesté fit publier son Edit d'Abolition, & con-
firma en la Prevôté le Sieur Luillier, et en l'Echevinage les Sieurs
Langlois, Neret, & Pichonnat, et ensemble tous les autres Officiers de
la Ville, qui prêterent Serment entre les mains de Monsieur François Do,
Chevalier des Ordres du Roi, Gouverneur, et Lieutenant Général Paris,
et de l'Isle de France, et peu de jours aprés retablit en la Charge de Procur.r
du Roi de la dite Ville, Monsieur Pierre Perrot qui avoit été dépossedés le
12. Mai. 1588.

Robert Besle,
Conseiller au Châtelet. 1594.

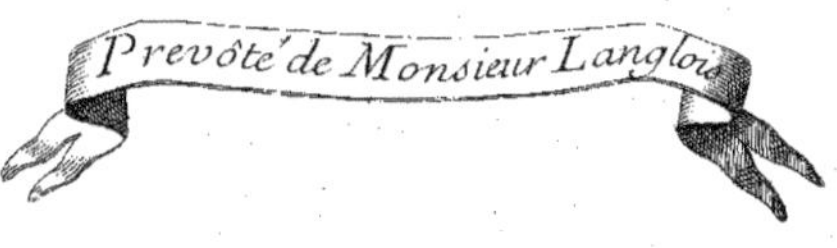

Martin Langlois, Sieur de Beaurepaire, Maître des Requêtes, Prevôt des March.ds au lieu du S.r Luillier. 1594.

Jean le Comte,
Quartinier pour la 3.e fois.

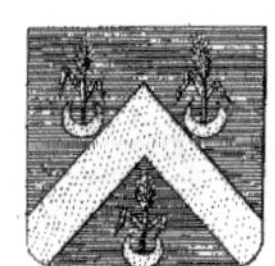

Omer Talon,
Avocat. 1595.

Thomas de Rochefort,
Avocat. 1595.

André Canaye,
Avocat. 1596.

Claude Josse,
Conseiller du Roi, Recev.r
Général des Bois. 1596.

Antoine Abelly.
1597.

Jean Rouillé.
1597.

Prevôté de Monsieur Danes

Nicolas Bourlon.
1598.

Valantin Targer.
1598.

Jacques Danes Seigneur de Marly
la Ville, Président en la Chambre des
Comptes, Prevôt des Marchands, au lieu
du Sieur Langlois. 1598.

Guillaume Robineau,
Avocat du Roy en l'Election
et Grenier à Sel de Paris. 1599.

Louis Vivien,
S.r de S.t Marc, Controlleur
Général à Soissons. 1599.

Prevôté de Monsieur Guyot.

Jean Garnier,
Auditeur des Comptes.
1600.

Jacques des Jardins,
Sieur du Marchais Con.er
au Chastelet.

Antoine Guyot, Sieur de Charmaux
et Danssac, Président en la Chambre des
Comptes, Prevôt des Marchands, au lieu
du Sieur Danes. 1600.

Jean Bapt. Champin,
Sieur de Roissy, Nottaire
et Secretaire du Roy. 1601.

Claude de Choilly.
1601.

Gilles Durant Avocat
du Roy aux Eaux et Forêts
1602.

Martin de Bragelongne, Sieur de Charonne,
Conseillier d'Etat, et Président aux Enquêtes,
Prevôt des Marchands, au lieu du Sr. Guyot.
1602.

Nicolas Quetin, Conr.
au Châtelet. 1602.

Louis le Lievre, Sub-
stitut de Mr. le Procureur
Géneral. 1603.

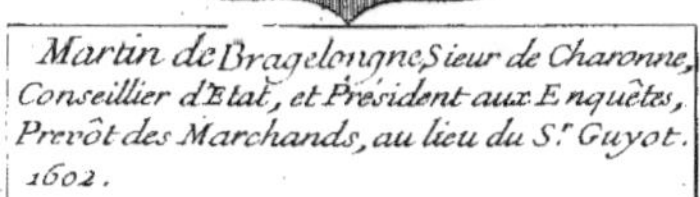

LeonDollet Avocat.
1603.

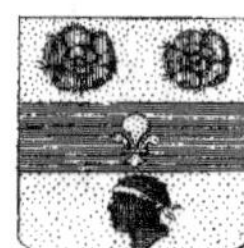

Pierre de Saintot.
1604.

Francois Miron, Chevalier, Seigneur du
Tremblay, de Lignieres. &c. Lieutenant
Civil à Paris, Prevôt des Marchands, au lieu
du Sieur de Bragelongne, 1604.

Jean de la Haye.
1604.

Gabriel de Flexelles.
1605.

Nicolas Belut, Conr.
au Trésor à Paris. 1605.

Germain Gouffé, Substitut du Procur.r du Roi au Châtelet. 1606.

Jean de Vailly, Sieur du Breul du Pont. 1606.

Pierre Parfait, Greffier en l'Élection de Paris. 1607.

Charles de Charbonnieres, Auditeur des Comptes. 1607.

Prevôté de Monsieur Sanguin

Jean Lambert, ci-devant recev.r G.al des Gabel.s à Soissons, Continué pour un an. 1608.

Jean Thevenot, Con.er au Châtelet, continué pour un an. 1608.

Jacques Sanguin, Seigneur de Livry, Conseiller au Parlement, Prevôt des Marchands, au lieu du Sieur Miron. 1606.

Jean Perrot, S.r de Chesnart, ci-devant Président en l'Élection de Paris. 1609.

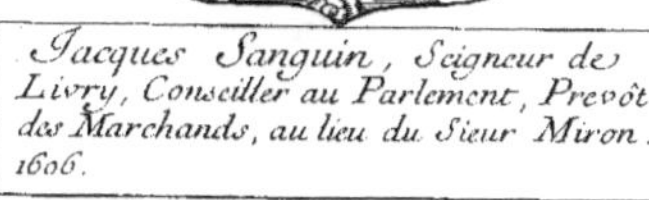

Jean de la Noue, Avocat. 1609.

Le 16.e Août 1610. La Reine Mere du Roi Regente en France, envoya ses ordres à la Ville pour la continuation du Prevot des Marchands et Echevins qui y étoient pour lors, pour prévenir les troubles qui pouvoient Survenir à cause du détestable Parricide commis en la personne Sacrée du Roi Henry le Grand IV.e du nom Roi de France & de Navarre, de maniere que le dit jour le Sieur de Livry fût continué Prevôt des Marchands pour 2 ans, et les S.rs Lambert & Thevenot pour un an

Nicolas Poussepin, S.r de Belais, Conseiller au Châtelet. 1611.

Jean Fontaine, M.e des Oeuvres et Bâtimens du Roi. 1611.

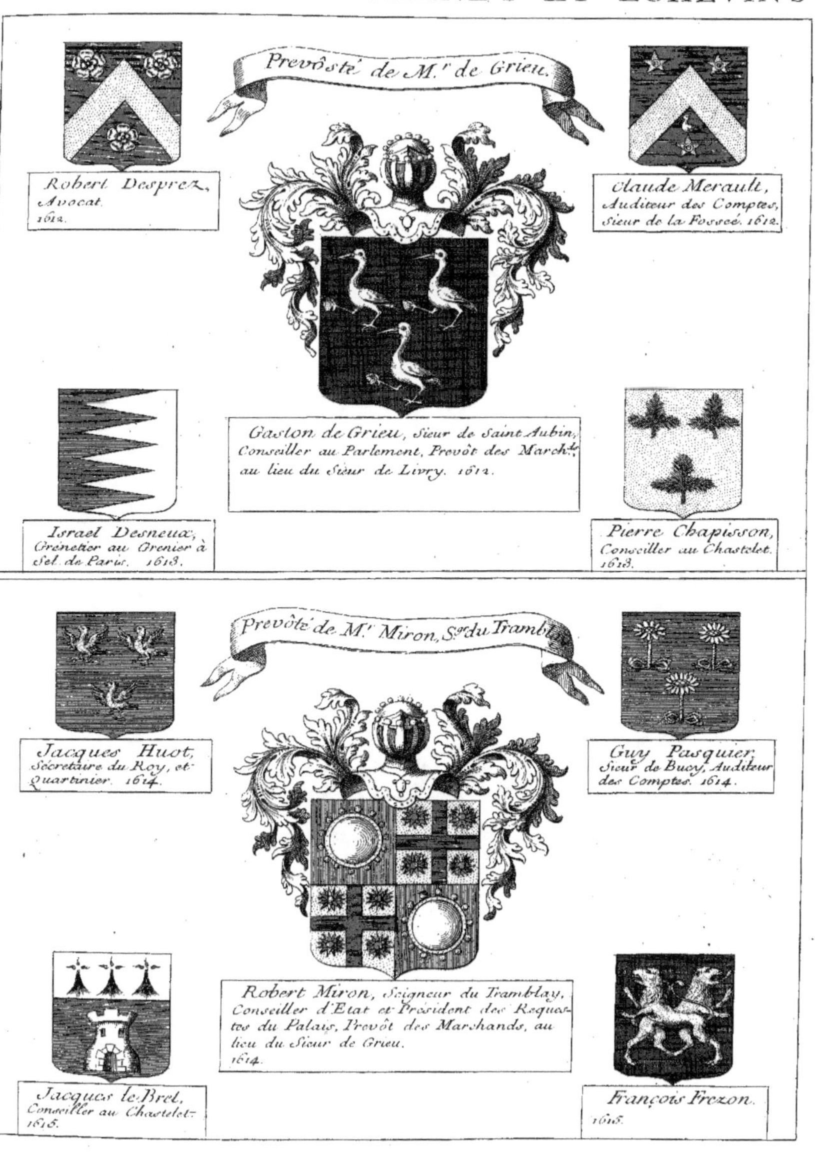

Prevôsté de M.' de Grieu.
Robert Desprez, Avocat. 1612.
Claude Merault, Auditeur des Comptes, Sieur de la Fossée. 1612.
Gaston de Grieu, Sieur de Saint Aubin, Conseiller au Parlement, Prevôt des Marchd.s au lieu du Sieur de Livry. 1612.
Israel Desneux, Grénetier au Grenier à Sel de Paris. 1613.
Pierre Chapisson, Conseiller au Chastelet. 1613.
Prevôté de M.' Miron, S.gr du Tramblay.
Jacques Huot, Sécretaire du Roy, et Quartinier. 1614.
Guy Pasquier, Sieur de Bucy, Auditeur des Comptes. 1614.
Robert Miron, Seigneur du Tramblay, Conseiller d'Etat et Président des Requestes du Palais, Prevôt des Marchands, au lieu du Sieur de Grieu. 1614.
Jacques le Bret, Conseiller au Chastelet. 1615.
François Frezon. 1615.

Nicolas de Paris.
1616.

Philippe Pietre,
Avocat.   1616.

Prevôté de Mons.r Bouchet de Bouville

Antoine Bouchet, Seigneur de
Bouville, Conseiller au Parlement,
Prevôt des Marchands au lieu du S.r
Miron du Tramblay.

Pierre du Plessis,
S.r de la Saussaye, Con.r
au Châtelet.   1617.

Jacques de Creil.
1617.

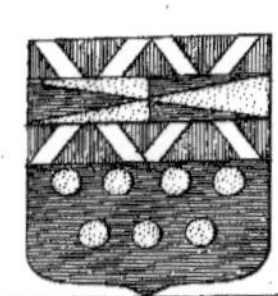

Jacques de Loynes,
Subsitut du Procureur
Général. 1618.

Claude Gonyer.
1618.

Louis Damours,
Conseiller au Châtelet.
1619.

Pierre Buisson,
Bourgeois. 1619.

Henry de Mesmes, Cheval.
Seigneur d'Orval, Conseiller d'Etat, et
Lieutenant Civil à Paris, Prevôt des
March.ds au lieu du S.r de Bouville. 1618.

Guillaume Lamy,
S.r de Villiers-Adam, Controleur de la Chancellerie. 1620.

Pierre Goujon.
1620.

Jean le Prestre,
Auditeur des Comptes.
1621.

Robert Danés,
Secretaire du Roy.
1621.

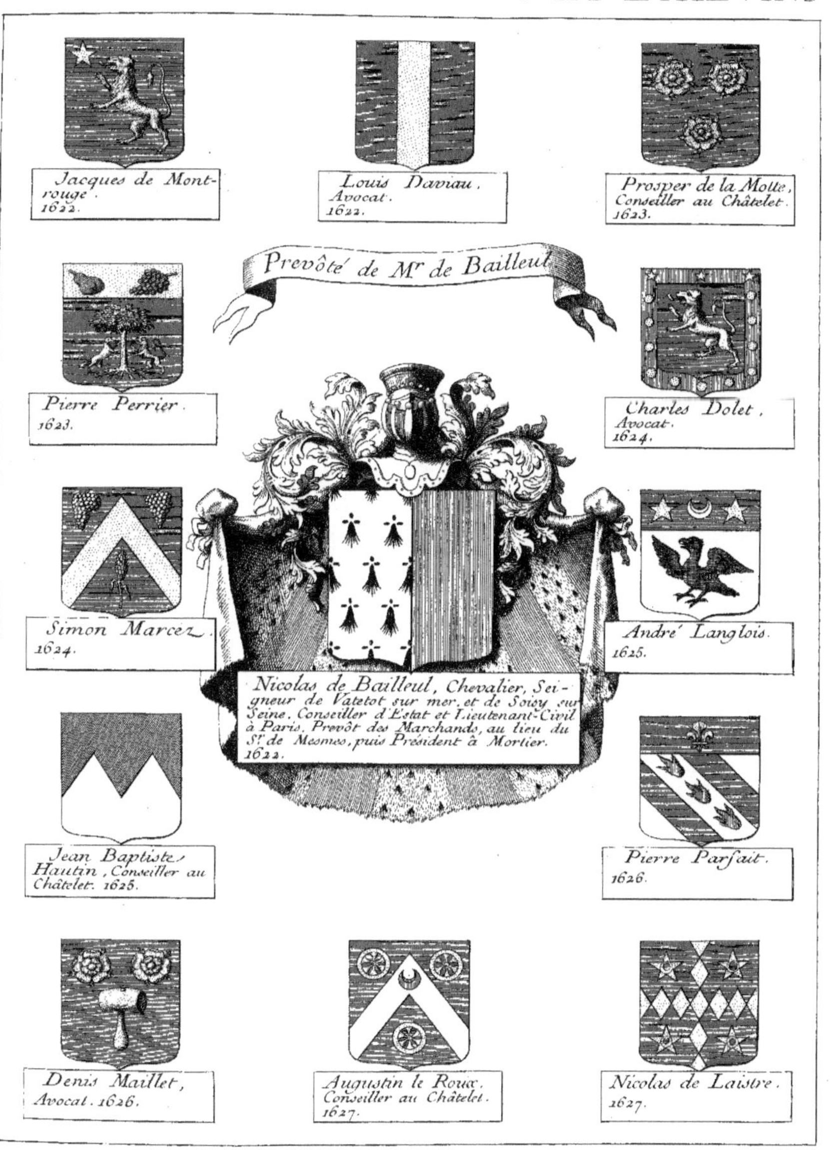
Jacques de Mont-
rouge.
1622.

Louis Daviau.
Avocat.
1622.

Prosper de la Motte,
Conseiller au Châtelet.
1623.

Prevôté de Mr de Bailleul.

Pierre Perrier.
1623.

Charles Dolet.
Avocat.
1624.

Simon Marcez.
1624.

André Langlois.
1625.

Nicolas de Bailleul, Chevalier, Seigneur de Vatetot sur mer, et de Soisy sur
Seine. Conseiller d'Estat et Lieutenant-Civil
à Paris. Prevôt des Marchands, au lieu du
Sr de Mesmes, puis Président à Mortier.
1622.

Jean Baptiste
Hautin, Conseiller au
Châtelet. 1625.

Pierre Parfait.
1626.

Denis Maillet,
Avocat. 1626.

Augustin le Roux.
Conseiller au Châtelet.
1627.

Nicolas de Laistre.
1627.

Etienne Heurlot,
1628.

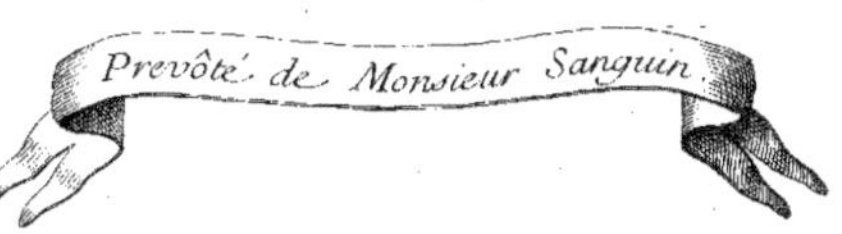

Leonard Renard,
Procureur du Roi au Tre-
sor. 1628.

Pamphile de la Cour,
Conseiller de Ville. 1629.

Christophe Sanguin, Seigneur de
Livry, Conseiller d'Etat et President
des Enquêtes, Prevôt des Marchands, au
lieu du Sieur de Bailleul. 1628.

Antoine de Paria,
Procureur des Comptes.
1629.

Jean Pepin,
Conseiller au Châtelet.
1630.

Jean Tronchot,
Conseiller de Ville mort
le 7. Juin 1631. 1630.

Claude le Tourneau,
Conseiller de Ville au lieu
du Sr Tronchot décédé.

Philippe le Gagneux,
Quartinier. mort le 16. Juin
1633. 1631.

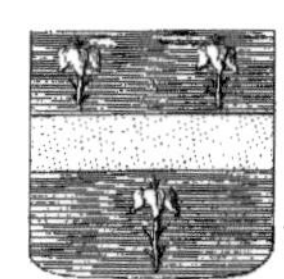

Nicolas de Poix
1631.

Hilaire Marcez,
Conseiller au Châtelet. 1632.

Jean Bazin, Sieur de
Chambuisson, Conseiller de
Ville. 1632.

Jean Garnier.
1633.

Jacques Doujat,
Secrétaire du Roi. 1633.

Prevôté de Monsieur Maureau

Nicolas de Creil,
1634.

Jean Toucquoy,
Avocat et Maître des Req.es
de la Reine. 1634.

Michel Maureau, Conseiller
d'Etat, et Lieutenant Civil à Paris,
Prevôt des Marchands au lieu du
Sieur Sanguin. 1632.

Joseph Charlot, Sieur
de Prince, Conseiller au Châtelet. 1635.

Jean de Bourges.
1635.

Etienne Geoffroy.
1636.

Claude de Baussay,
Auditeur des Comptes. 1636.

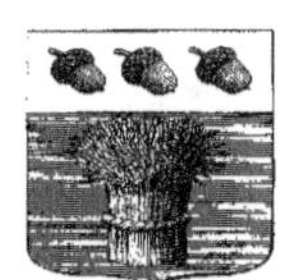

Germain Pictre,
Conseiller au Châtelet.
1637.

Jacques Tartarin,
1637.

Oudart le Feron, Seigneur d'Orville et de Louvre en Parisis, Président aux Enquêtes, et Prevôt des Marchands au lieu du Sieur Maureau le 26.e Octobre, a cause de la mort du dit Sieur Maureau. 1638.

Christophe Perrot, Seig.r de la Mal-maison, Con.er de la grand-Chambre du Parlement, Prevôt des Marchands, le 23. Fevrier. 1641 au lieu du S.r le Feron décedé le 1641. il mourut au mois d'Avril suiv.t 1641.

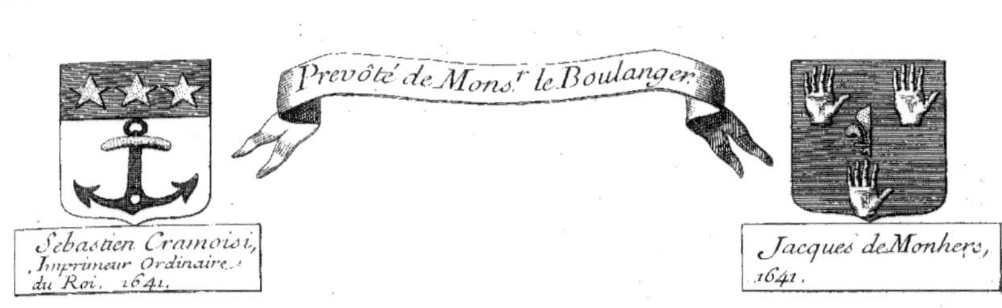

Sebastien Cramoisi,
Imprimeur Ordinaire
du Roi. 1641.

Jacques de Monhers,
1641.

Remy Tronchot,
Receveur Général des
Tailles à Paris. 1642.

Macé le Boulanger, Président
aux Enquêtes, Prevôt des Marchands,
pour achever le tems des Sieurs le Feron
& Perrot le 22. Avril. 1641.

Guillaume Baillon,
1642.

Claude de Bourges,
Payeur du Bureau des Tréso-
riers de France à Orleans 1643.

Adrien de Vin.
1643.

Gabriel Langlois,
Conseiller au Châtelet.
1644.

Martin du Fresnoy,
1644.

Prévoté de Monsieur Scarron.

Jean Scarron, Seigneur de Men-
diné, Conseiller de la grande Chambre
du Parlement, Prevôt des Marchands
au lieu du S.r le Boulanger. 1644.

Jean de Gaigny,
Commissaire au Châtelet
et Conseiller de Ville. 1645.

René de la Haye,
1645.

Jean de Bourges,
Docteur en Medecine.
1646.

Geoffroy Yon.
1645.

Gabriel Fournier,
Président en l'Election de
Paris.   1647.

Hierome le Feron, Seig.r d'Orville,
et de Louvre en Parisis, Président aux Enquêtes, Prevôt des March.ds le 26 Février 1646
pour achever le temps du S.r Scarron décédé 1646.

Pierre Helyot,
Conseiller de Ville.
1647.

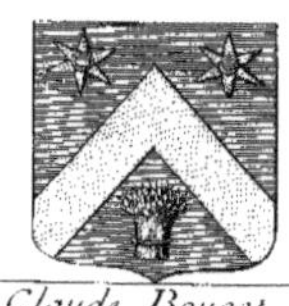

Pierre Hachette,
Conseiller au Châtelet.
1648.

Raymond Lescot,
Conseiller de Ville.
1648.

Claude Boucot,
Secret.re du Roi, S.r du Cloz
Gaillard.   1649.

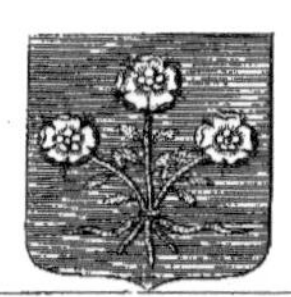

Robert de Sequeville.
1649.

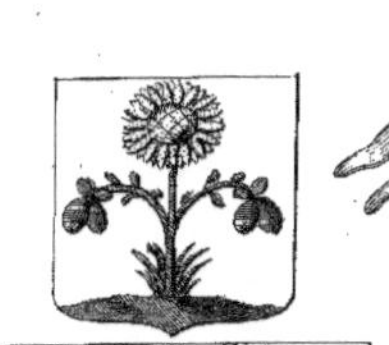

Michel Guillois,
Conseiller au Châtelet, continué pour un an.
1650.

André le Vieux,
Conseiller de Ville?
1651.

Antoine le Febvre, Conseiller
au Parlement, Prevôt des Marchands,
au lieu du Sieur le Feron.
1650.

Pierre Denison,
1651.

Nicolas Philippe,
Continué pour un an.
1650.

Julien Gervais, Con-
trôleur des Mesures au
Grenier à Sel de Paris.
1653.

Gabriel de Moncheny,
1653.

Vincent Heron,
Conseiller de Ville.
1654.

Jean Rousseau,
1654.

Antoine de la
Porte. Quartinier
1655.

Claude de Santeul,
cy-devant-Conseiller de
Ville. 1655.

Prevôté de Mr. de Séve.

Philippe Gervais,
Conseiller de Ville.
1656.

Jacques Regnard,
Conseiller au Châtelet.
1656.

Jean de Faverolles,
Intendant de la maison
de la Reine. 1657.

Jacques Regnard.
Sr. de la Noüe, Substitut
du Procureur Cñal. 1657.

Nicolas Baudequin,
Conseiller de Ville.
1658.

Jean le Vieux.
Quartinier.
1658.

Alexandre de Seve, Chevalier, Seigneur de Chastignonville, Maître des
Requêtes Honoraire, Prevôt des Marchands
au lieu du Sr. le Febvre.
1654.

Claude Prevost.
1659.

Charles du Jour.
Conseiller au Châtelet.
1659.

Pierre de la Mouche,
Auditeur des Comptes.
1660.

Jean Helissant,
Conseiller de Ville.
1660.

Jean de Monhers.
Avocat.
1661.

Eustache de
Faverolles.
1661.

Pierre Brigalier,
Avocat du Roi au Chatelet.
1662.

Jean Gaillard,
Conseiller de Ville. 1662.

Nicolas Souplet,
Quartinier. 1663.

Pierre Charlot,
Secretaire du Roi. 1663.

Prevôté de Monsr Voisin de Serizay

Daniel Voisin Chevalier, Seigneur des
Serizay Maitre des Requêtes et Prevôt
des Marchands, au lieu du Sieur de Séve,
depuis Conseiller d'Etat. 1662.

Laurent de Faverolles,
Auditeur des Comptes. 1664.

François le Foing
Notaire au Chatelet. 1665.

Jean de la Balle,
Notaire et Conseiller de Ville. 1664.

Hugues de Santeul
Conseiller de Ville. 1666.

Robert Hamonin,
Controleur, et Garde des Registres,
de la Chambre des Comptes. 1665.

Guillaume de Faverolles,
Quartinier. 1667.

René Gaillard
Sieur de Montmire. 1667.

Nicolas Lusson,
Conseiller au Châtelet. 1666.

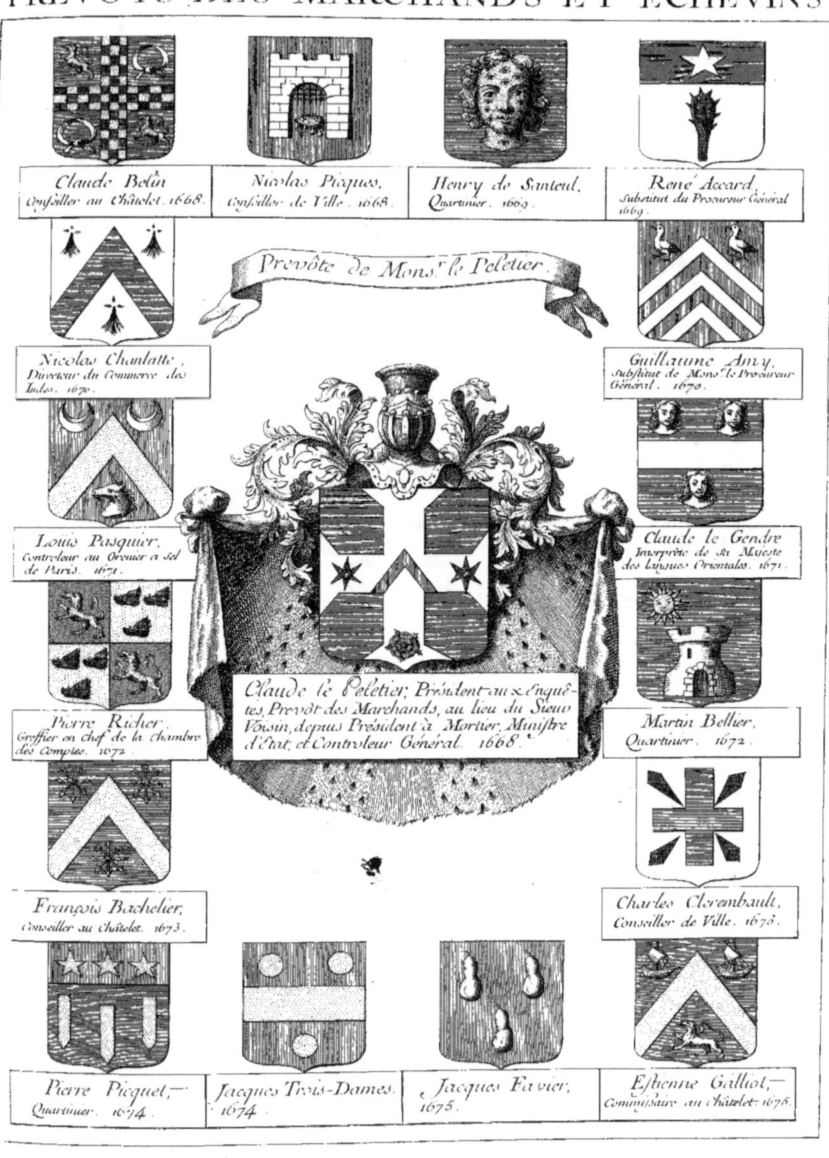
Claude Belin,
Conseiller au Châtelet. 1668.
Nicolas Picques,
Conseiller de Ville. 1668.
Henry de Santeul,
Quartinier. 1669.
René Accard,
Substitut du Procureur Général.
1669.
Nicolas Chanlatte,
Directeur du Commerce des
Indes. 1670.
Prevôté de Mons.r le Peletier.
Guillaume Amy,
Substitut de Mons.r le Procureur
Général. 1670.
Louis Pasquier,
Controleur au Grenier à sel
de Paris. 1671.
Claude le Gendre,
Interprète de sa Majesté
des Langues Orientales. 1671.
Claude le Peletier, Président aux Enquê-
tes, Prevôt des Marchands, au lieu du Sieur
Voisin, depuis Président à Mortier, Ministre
d'Etat, et Controleur Général. 1668.
Pierre Richer,
Greffier en chef de la Chambre
des Comptes. 1672.
Martin Bellier,
Quartinier. 1672.
François Bachelier,
Conseiller au Châtelet. 1673.
Charles Clerembault,
Conseiller de Ville. 1673.
Pierre Picquet,
Quartinier. 1674.
Jacques Trois-Dames.
1674.
Jacques Favier,
1675.
Estienne Galliot,
Commissaire au Châtelet. 1675.

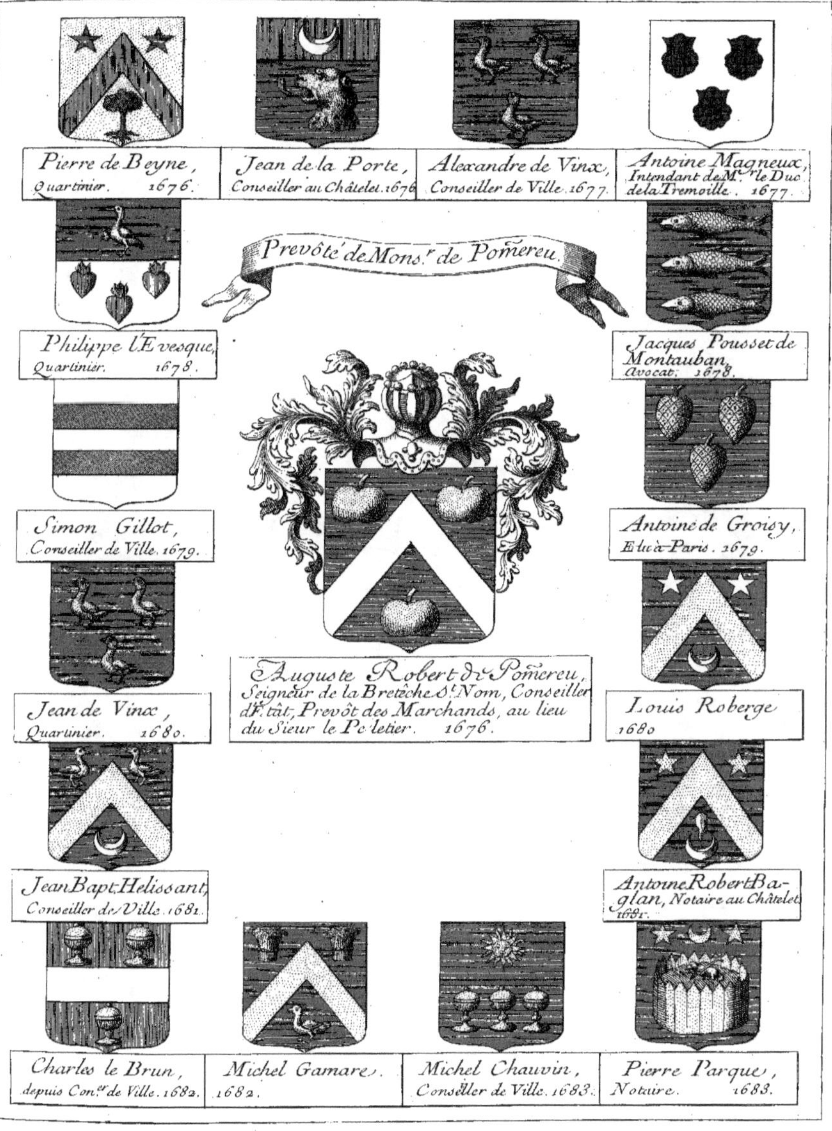

Pierre de Beyne,
Quartinier. 1676.

Jean de la Porte,
Conseiller au Châtelet. 1676.

Alexandre de Vinx,
Conseiller de Ville. 1677.

Antoine Magneux,
Intendant de M.r le Duc
de la Tremoille. 1677.

Prevôté de Mons.r de Pomereu

Philippe l'Evesque,
Quartinier. 1678.

Jacques Pousset de
Montauban,
Avocat. 1678.

Simon Gillot,
Conseiller de Ville. 1679.

Antoine de Groizy,
Elu à Paris. 1679.

Auguste Robert de Pomereu,
Seigneur de la Bretèche S.t Nom, Conseiller
d'Etat, Prevôt des Marchands, au lieu
du Sieur le Pelletier. 1676.

Jean de Vinx,
Quartinier. 1680.

Louis Roberge
1680

JeanBapt. Helissant,
Conseiller de Ville. 1681.

Antoine Robert Ba-
glan, Notaire au Châtelet.
1681.

Charles le Brun,
depuis Con.r de Ville. 1682.

Michel Gamare.
1682.

Michel Chauvin,
Conseiller de Ville. 1683.

Pierre Parque,
Notaire. 1683.

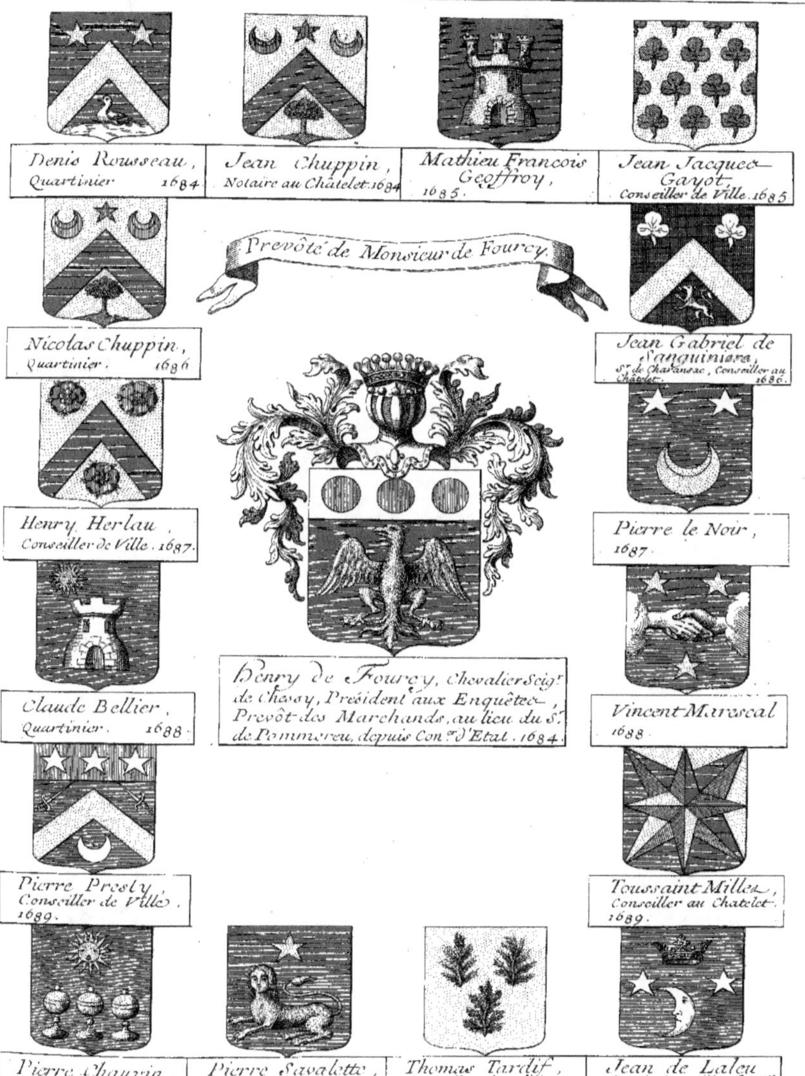
Denis Rousseau,
Quartinier 1684.

Jean Chuppin,
Notaire au Châtelet. 1684.

Mathieu François Geoffroy,
1685.

Jean Jacques Gayot,
Conseiller de Ville. 1685.

Nicolas Chuppin,
Quartinier. 1686

Prevôté de Monsieur de Fourcy.

Jean Gabriel de Sanguin,
Sr. de Charansac, Conseiller au Châtelet. 1686.

Henry Herlau,
Conseiller de Ville. 1687.

Pierre le Noir,
1687.

Claude Bellier,
Quartinier. 1688

Henry de Fourcy, Chevalier Seigr.
de Chessy, Président aux Enquêtes,
Prévôt des Marchands, au lieu du Sr.
de Pommereu, depuis Conr. d'Etat. 1684.

Vincent Marescal
1688.

Pierre Presly,
Conseiller de Ville.
1689.

Toussaint Milles,
Conseiller au Châtelet.
1689.

Pierre Chaurin,
Quartinier. 1690.

Pierre Savalette,
Notaire au Châtelet.
1690.

Thomas Tardif,
Conseiller de Ville.
1691.

Jean de Laleu
depuis Conseiller de Ville.
1691.

Simon Moufle,
Notaire au Châtelet.
1692.

Guillaume Tartarin,
Avocat. 1692.

Toussain Simon Bazin,
Conseiller de Ville.
1693.

Claude Puglon,
Docteur en Médecine.
1693.

Prevôté de Mr. Bosc, Sgr. d'Ivry.

Charles Sainfray,
Notaire au Châtelet.
1694.

Louis Baudran,
Substitut du Procureur Géneral de la Cour des Aydes.
1694.

Jean Baptiste
le Tourneur,
Conseiller de Ville. 1695.

Nicolas de Brussel,
Conseiller de Ville.
1695.

Mathurin Barroy,
Quartinier. 1696.

Claude Bosc, Seigneur d'Ivry sur
Seine Procureur Général de la Cour des
Aydes Prevôt des Marchands, au lieu du Sr.
de Fourcy, depuis Conseiller d'Etat. 1692.

Guillaume Hesme,
1696.

Jean François
Sautreau,
Conseiller de Ville. 1697.

Antoine de la Loire,
Procureur de la Chambre
des Comptes. 1697.

François Regnault,
Quartinier. 1698.

François Jean Dionis,
Notaire au Châtelet.
1698.

Leonard Chauvin,
Conseiller de Ville.
1699.

Jean Hallé,
depuis Conseiller de
Ville. 1699.

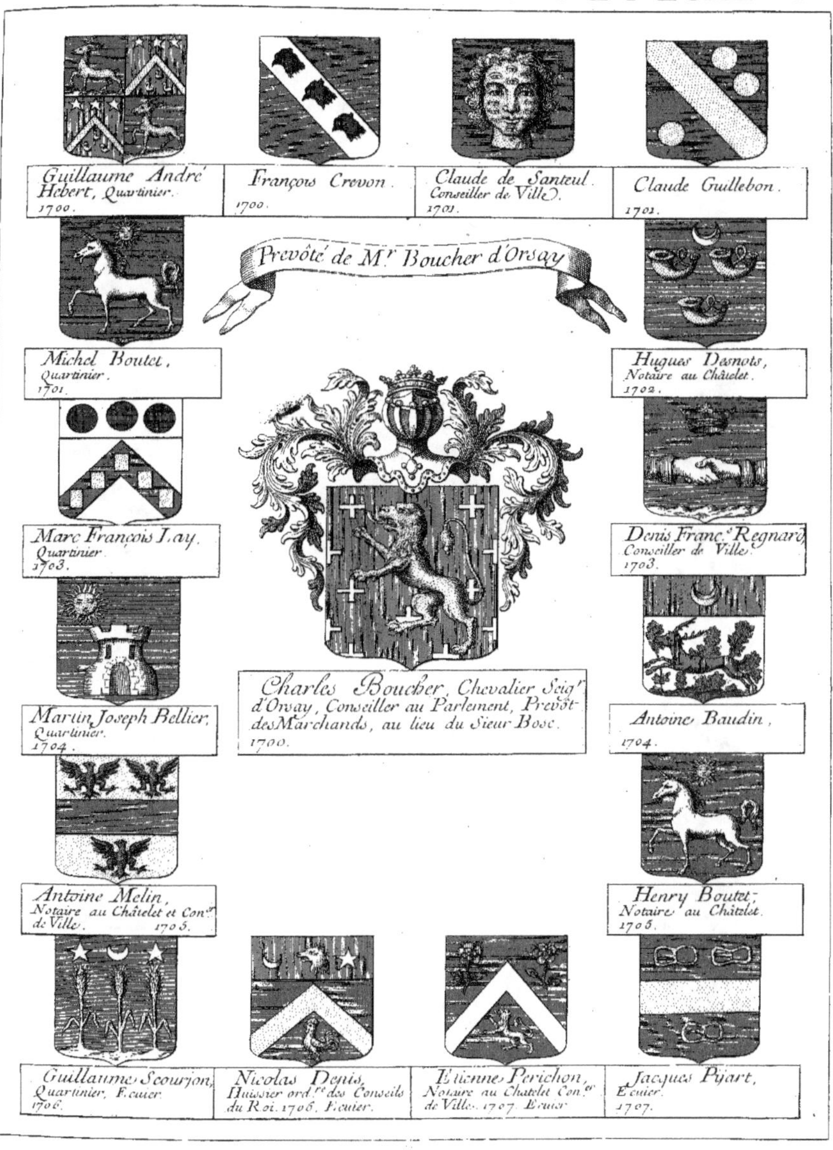

Guillaume André Hebert, Quartinier.
1700.

François Crevon.
1700.

Claude de Santeul.
Conseiller de Ville.
1701.

Claude Guillebon.
1701.

Prevôté de M.r Boucher d'Orsay

Michel Boutet,
Quartinier.
1701.

Hugues Desnots,
Notaire au Châtelet.
1702.

Marc François Lay,
Quartinier.
1703.

Denis Franç.s Regnard,
Conseiller de Ville.
1703.

Charles Boucher, Chevalier Seig.r
d'Orsay, Conseiller au Parlement, Prevôt
des Marchands, au lieu du Sieur Bosc.
1700.

Martin Joseph Bellier,
Quartinier.
1704.

Antoine Baudin,
1704.

Antoine Melin,
Notaire au Châtelet et Con.er
de Ville. 1705.

Henry Boutet,
Notaire au Châtelet.
1705.

Guillaume Scourjon,
Quartinier, Ecuier.
1706.

Nicolas Denis,
Huissier ord.re des Conseils
du Roi. 1706. Ecuier.

Etienne Perichon,
Notaire au Châtelet Con.er
de Ville. 1707. Ecuier.

Jacques Pijart,
Ecuier.
1707.

René Michel Blouin,
Quartinier Ecuier —
1708.

Philippe Regnault,
Ecuier 1708.

Pierre Chauvin,
Conseiller de Ville,
Ecuier 1709

Claude le Roy,
Seigneur de Champ Greffier
Conseiller du Roy Notaire
au Châtelet Ecuier 1709.

Prevôté de Monsieur Bignon

Michel Louis Bazon,
Quartinier Ecuier —
1710.

Pierre Jacques Brillon,
Avocat en Parlement Ecuier
1710

Nicolas Tardif —
Conseiller de Ville
Ecuier 1711

Charles Baudouin
Presty, Ecuier
1711

Louis Boiseau —
Conseiller Notaire au
Châtelet Quartinier Ecuier
1712

Jérôme Bignon,
Conseiller d'Etat Prevôt des Marchands
au lieu de Monsieur d'Orsay 1708

Louis Duran,
Conseiller du Roy Notaire
au Châtelet Ecuier 1712

Hector Bernard Bonnet
Conseiller de Ville Ecuier
1713

René François Guiet,
de Montbayeur, Avocat
en Parlement et au Conseil
du Roy Ecuier 1713

Jacques de Beyne,
Quartinier Ecuier
1714

Guillaume de Lalou
Conseiller du Roy Notaire
au Châtelet Ecuier 1714

Simon Fayolle,
Conseiller de Ville Ecuier
1716

Charles Damien,
Fouüault, Conseiller du
Roy Notaire au Châtelet
Ecuier 1713

Antoine de Serres,
Ecuyer Quartenier. 1716.

Charles Pierre Huet,
Ecuyer. 1716.

Jean Gaschier, Ecuyer
Conseiller du Roi et de la Ville, Notaire au Châtelet. 1717.

Pierre Masson, Ecuyer.
Avocat en Parlement, Greffier de la 5e Chbre des Enquêtes. 1717.

Charles Trudaine, Conseiller
d'Etat, Prevôt des Marchands, au
lieu de Monsieur Bignon. 17. Août 1716.

Henry de Rosnel,
Ecuyer, Quartenier. 1718.

Paul Ballin, Ecuyer.
Conseiller du Roi, Notaire
au Châtelet. 1718.

Pierre Sautreau,
Conseiller de la Ville. 1719.

Jean Jacques Beluchon, Ecuyer. 1719.

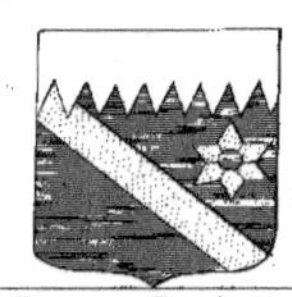

Jacques Denis, Ecuyer,
Quartinier. 1720.

Charles Louis
Chauvin, Ecuyer. 1720.

Jacques Roussel, Ecuyer,
Conseiller du Roi, Notaire
au Châtelet. 1721.

Antoine Sautreau,
Ecuyer. 1721.

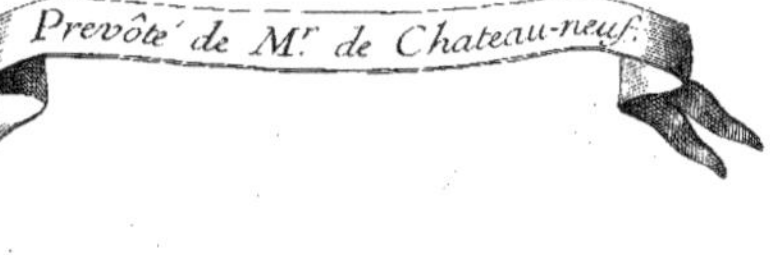

Prevôté de Mr. de Chateau-neuf.

Jean du Quesnoy.
Ecuyer. 1722.

Jean Sauvage,
Ecuyer. 1722.

Pierre Antoine de Castagnere, Cher
Marquis de Chateau-neuf, et de Marolles,
Conseiller d'Etat, Prevôt des Marchands,
au lieu de Mr. Trudaine. 4e. Juillet 1720.

Estienne Laurent,
Ecuyer Conseiller de Ville.
1723.

Mathieu Goudin,
Ecuyer, Conseiller du Roi.
Notaire au Châtelet 1723.

Jean Hebert, Ecuyer,
Quartinier. 1724.

Jean François.
Bouquet, Ecuyer. 1724.

Jacques Corpa,
Ecuyer Conseiller de Ville.
1725.

Nicolas Maheu.
Ecuyer. 1725.

Jacques Corps,
Ecr. Conr. de Ville. 1726.

Nicolas Maheu,
Ecuier. 1725.

Claude Sauvage,
Ecuier Quartenier. 1726.

Nicolas Lambert, Président
de la 2.de des Requêtes, fût élû le 27.
Août 1725. Mort le 10 Juillet 1729.

Gilles Franc. Boulduc,
Ecuier. 1726.

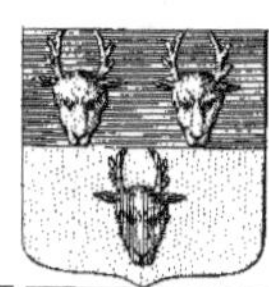

Philippe le Gras,
Ecuier Conseiller de Ville.
1727.

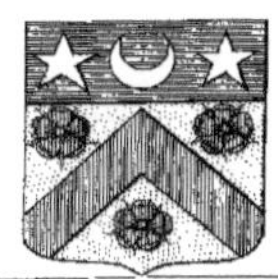

Jean Franc. Maultrot,
Ecuier. 1727.

Philippe le Gras, Ec.r Con.er de Ville 1727.	Jean Franç. Maultrot, Ecuier 1727.	Alexandre Jean Remy, Quartinier Ec.er 1728.	Etienne le Roy, Ecuier 1728.
Gabriel René Mesnil, Con.er de Ville Ec.er 1729.	Nicolas Besnier, Ecuier 1729.	René Rossignol, Ec.er Quartinier 1730.	Leonor Lagneau, Ecuier 1730.
Jean Louis Pelet, Ec.er Con.er de Ville 1731	Cl. Joseph Geoffroy, Ecuier 1731.	Henry Millon, Ec.er Quartinier 1732.	Philippe le Fort, Ecuier 1732.
Jean Claude Fauconnet de Vilde, Ec.er Con.er de Ville 1733.	Mes.re Michel Etienne Turgot, Chevalier Marquis de Sousmons, Seigneur de St Germain sur Eaulne, Vatierville &c. Con.er d'Etat, reçu Prevôt des Marchands, le 14 Juillet 1729.		Claude Augustin Jossel, Av.en Parlem.t con.er du Roi Exped.re de Rome Ec.er 1733.
Claude Petit, Ecuier Quartinier. 1734.	Jean Bapt. de Santeul, Ecuier 1734.	Jean Baptiste Tripart, Ecuier Con.er de Ville 1735.	François Touvenôt, Ecuier Notaire 1735.
Pierre Jacques Coucicault, Ec.er Con.er du Roi Quart.er 1736.	Charles Levesque, Ecuier 1736.	Louis Henry Veron, Ecuier Con.er de Ville 1737.	Edme Louis Meny, Ec.er Av.ocat au Parlement 1737.
Louis le Roy de Feteuil Ecuyer, Conseiller du Roy, Quartinier 1738.	Thomas-Germain, Ecuyer, Orfévre Ordinaire du Roy 1738.	Jean Joseph Sainfray, Ecuier Notaire, Conseiller de Ville 1739.	Michel Lenfant. Ecuier 1739.

Jean Joseph Sainfray,
Ec.r Con.er du Roi et de la Ville, Notaire
au Châtelet de Paris 1733. Mort le 10.
mars 1741.

Michel Lenfant,
Ecuier. 1739.

Thomas Leonard Laqueau,
Ecuier, Conseiller du Roi,
Quartinier. 1740.

Etienne Pierre Darhi,
Ecuier. 1740.

André Germain,
Ec.r Avocat au Parlem.t Huissier hono.re
des Conseils du Roy, Con.er de Ville. 1741.

Pierre-Yves de Bougainville,
Ecuier Notaire au Châtelet-de-
Paris. 1741.

Jean Baptiste Hurel,
Ecuier Notaire au Châtelet de Paris,
Quartinier. 1742.

Pierre-Yves de Bougainville,
Ecuier Notaire au Châtelet de
Paris continué pour un an. 1743.

Prevôté de M.r de Vastan

Messire Felix Aubery, Chevalier, Marq.s
de Vastan, Baron de Vieux-Pont, Con.er du Roi
en ses Conseils, Maître des Requêtes honoraire
de son Hôtel, reçu Prevôt des March.ds le 16 août 1740.

Jean Baptiste Hurel, Ecuier, Avocat en Parlem.t Cons.er du Roy, Notaire au Châtelet de Paris, Quartinier. 1742.

Pierre Yves de Bougainville, Ecuier, Con.er du Roy, Notaire au Châtelet de Paris 1741 remis en 1742.

Jean Bapt. Claude Baize, Ecuier, Avocat en Parlem.t Con.er du Roy, et de la Ville. 1743.

Jean Pierre, Ecuier. 1743.

Claude Sauvage, Ecuier, Quartinier. 1744.

Jean Charles Huet, Ecuier. 1744.

Pierre François Duboc, Ecuier Conseiller du Roy et de la Ville, 1745.

François Marguerin Brion, Ecuier. 1745.

Guillaume Joseph Lhomme, Ecuyer Conseiller du Roy Quartinier. 1746.

Jacques Bricault, Ecuier, Con.er du Roy, Notaire au Châtelet de Paris. 1746.

Prevôté de M.r de Bernage

Hilaire Triperet, Ecuier Avocat au Parlem.t Cons.er du Roy et de la Ville. 1747.

Mes.re Louis Basile de Bernage, Chev.er Seig.r de S.t Maurice Vaux, Chasty, et et autres Lieux, Con.er d'Etat Ordinaire Grand Croix de l'Ordre Royal et Militaire de S.t Louis, reçeu Prevôt des Marchands, le 26. Juillet 1743.

Dominique Creshennot Ecuyer Avocat au Parlement Con.er du Roy Payeur des Rentes del Hotel de Ville Notaire honoraire au Chatelet. 1747.

André de Santeul, Ecuyer Conseiller du Roy Quartinier. 1748.

Claude Denis Cochin, Ecuyer. 1748.

Michel Ruelle, Ecuyer Con.er du Roy et de la Ville. 1749.

Charles Allen, Ecuyer Procureur en la Chambre des Comptes. 1749.

Henry Maximilien Gaucherel Ecuyer Conseiller du Roy Quartinier. 1750.

Jean Nicolas Bontemps, Ecuyer Conseiller du Roy Notaire au Chatelet de Paris. 1750.

Jean Daniel Gillet, Ecuyer Conseiller du Roy. 1751.

Claude Denis Mirey, Ecuyer. 1751.

Claude Eleonore de la Frenaye Ecuyer Conseiller du Roy Quartinier. 1752.

Pierre Philipe Andrieu, Ecuyer Avocat au Parlement Seigneur de Maucreux. 1752.

Noel Pierre Paschalis Desbaudotes, Ecuier Conseiller du Roy et de la Ville. 1753.

Jean François Caron, Ecuyer Con.er du Roy Notaire au Chatelet de Paris. 1753.

Jean Stocard
Ecuyer Quartinier 1754.

Pierre Gillet
Ecuyer Avocat au Parlement.
1754.

Jean François Guesnon
Ecuyer, Avocat au Parlement,
Conseiller du Roy et de la Ville
Notaire au Chatelet de Paris 1755.

Louis François Mettra
Ecuyer. 1755.

Jean Denis Lempereur
Ecuyer Conseiller du Roy,
Quartinier 1756.

Claude Tribard
Ecuyer Avocat au Parlement
1756.

Jean François Brallet
Ecuyer Conseiller du Roy
et de la Ville 1757.

Jean Baptiste Verney
Ecuyer 1757.

Prevôté de Mr de Bernage

Mes.re Louis Basile de Bernage, Chev.er
Seig.r de S.t Maurice, Vaux, Chasty, et
autres Lieux Cons.er d'Etat Ordinaire,
Grand Croix de l'Ordre Royal et Militaire de S.t
Louis, reçeu Prevôt des Marchands, le 26 Juillet 1743.

Jean François Brullet, Ecuyer, Conseiller du Roy, et de la Ville. 1757.
Jean Baptiste Vernay, Ecuyer. 1757.
Jean Olivier Boutray, Ecuyer, Conseiller du Roy, quartinier. 1768.
Jean André, Ecuyer, Avocat au Parlement et es Conseils du Roy. 1758.
Pierre le Blocteur, Ecuyer, Avocat au Parlement, Conseiller du Roy et de la Ville. 1759.
Louis Denis Chomel, Ecuyer, Avocat au Parlement, Notaire au Chatellet de Paris. 1759.
Pierre Julie Darlu, Ecuyer, Conseiller du Roy. Quartinier. 1760.
Jean Boyer de Saint Ieu, Ecuyer. 1760.
Louis Mercier, Ecuyer, Conseiller du Roy et de la Ville. 1761.
Laurent Jean Babille, Ecuyer, Avocat du Parlement. 1761.
Prevôté de Mr. de Pontcarré.
Messire Jean Baptiste Elie Camus de Pontcarré, Chevalier, Seigneur de Viarme, Seugy, Beloy, et autres lieux, Conseiller d'Etat, reçu Prevôt des Marchands le 16. Aoust 1758.
Pierre de Varenne, Ecuyer, Avocat en Parlement, Conseiller du Roy, Quartinier. 1762.
Clement Denis Poultier, Ecuyer, Avocat en Parlement, Conseiller du Roy et de la Ville. 1763.
Nicolas Daniel Phelippes de la Marniere, Ecuyer, ancien Avocat au Parlement. 1763.

Clement Denis Poultier, Ecuyer, Avocat en Parlement, Conseiller du Roy et de la Ville 1763.
Nicolas Daniel Phelippes de la Murnierre, Ecuyer, ancien Avocat au Parlement 1763.
Michel Martel, Ecuyer, Avocat en Parlement, Notaire Honoraire, Conseiller du Roy, Quartinier 1764.
Jean Charles Alexis Gauthier De Rougemont, Ecuyer 1764.
Paul Larsonnyer, Ecuyer, Avocat en Parlement, Conseiller du Roy et de la Ville 1765.
Jacques Merlet, Ecuyer, ancien Avocat au Parlement 1765.
Pierre Hubert Bigot, Ecuyer, Conseiller du Roi, Quartinier 1766.
Guillaume Charlier, Ecuyer Conseiller du Roi, Notaire honoraire 1766.
Olivier Clement Vieillard Ecuyer Cons.er du Roi et de la Ville 1767.
Ant.ne Gaspar Boucher d'Argis Ecuyer, Av.t au Parlem.t, anc. Cons.er au Cons.l Souv. de Dombes. 1767.
Prévôté de M. Bignon.
M.re Armand Bignon, de la Meauffle l'Illebelle et autres lieux, Maître des Cérémonies des Bibliothecaire de Sa Majesté, Franc. et Hono.re de celle des Prévôt des Marchands aulieu le 16. Aoust.
Jerosme. Ch.er Sag.r et Patron Semilly, le Saussay, Commandeur, Prévôt ordres du Roy. Cons.r d'Etat l'un des quarante de l'Acad.e Inscript.s et Belles lettres, Elu de M. de Pontcarré de Viarme 1764.
Jacques Antoine de Lens Ecuyer Cons.er du Roi, Quartinier 1768.
Louis Raymond de la Riviere. Ecuyer 1768.
George Francois Sarazin Ecuyer, Conseiller du Roi et de la Ville 1769.
Alexandre Claude Basly Ecuyer, Avocat aux Cons.ls du Roi hon.re et Controlleur g'nal des Restes 1769.
Hubert Louis Cheval. S.r de S.t Hubert, Ecuyer Cons.er du Roi Quartinier 1770.
Philippe Nicolas Pia Ecuyer 1770.
Thomas Bellet, Ecuyer Conseiller du Roy et de la Ville. 1771.
Etienne René Viet, Ecuyer ancien Avocat au Parlement 1771.

Hubert Louis Cheval
Sr de St Hubert.
Ecuyer Con.^{er} du Roi Quartinier 1770.

Philippe Nicolas Pia
Ecuyer   1770.

Thomas Bellet,
Ecuyer Conseiller du Roy et de
la Ville.   1771.

Etienne René Viel,
Ecuyer ancien Avocat au Parlement   1771.

Prevôté de Mr de Lamichodiere

Mes.^{re} Jean-Baptiste François de Lamichodiere,
Chevalier, Comte d'Hauteville, Seigneur de Lamichodiere,
Romene et autres Lieux Conseiller d'Etat. Elu Prévôt
des Marchands le 19 Mars 1772. Dessiné par Mr Bénon.

PREVÔTS DES MARCHANDS ET ECHEVINS

PROCUREURS DU ROY

GREFFIERS

ET

RECEVEURS

de la Ville

DE

PARIS

Gravée Par Beaumont
Graveur ordinaire de La Ville

Messieurs

				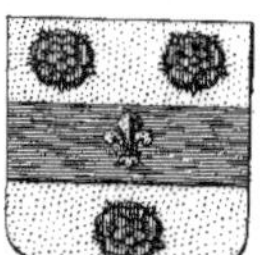
Étienne Coulon, en 1414.	Jacques Rebours, en 1452.	Jean Rebours, en Survivance et Concur.ce 29 Octobre 1499.	Jean Radin, 23. Aoust 1505.	Jean Benoise, 6. Septembre 1527.
	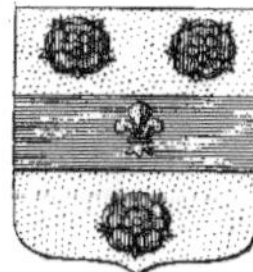			
Leonard Poart, 31 Décembre 1536.	Ledit Jean Benoise, 18 Aoust 1536.	Antoine Poart, 11 Mars 1543.	Hierôme Angenoust, 29 Aoust 1556.	Louis du Moulin, 14 Novembre 1558.
			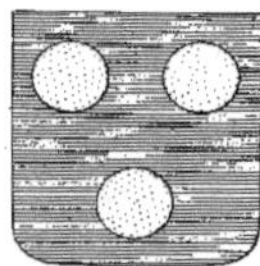	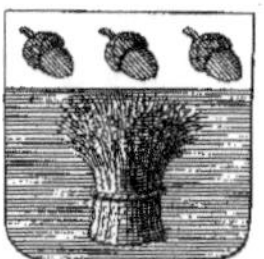
Claude Perrot, 13 Octobre 1565.	Pierre Perrot, 5 Mai 1579.	Etienne Charlet, Seigneur d'Esbly à la Charge de Survivance, 5 Juin 1612.	Gabriel Payen, 15 Juillet 1627.	Germain Pietre, 26 Juin 1632.
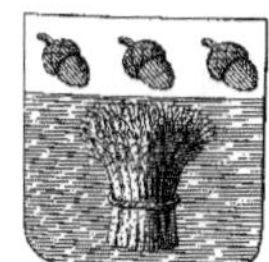				
Simon Pietre, à la Charge de Survio.ce 14 Aoust 1684.	Hierôme Truc, 2 Juillet 1665.	Maximilien Titon, 2 Juin 1684	Nicolas Guillaume Moriau, 17 Mars 1701 Et Avocat du Roy et de la Ville, en Juillet 1704 Mort le 13 Mai 1726.	Antoine Moriau, Procureur et Avocat du Roy, et de la Ville, en Survivance et Concurrence, le 10 Decemb. 1722

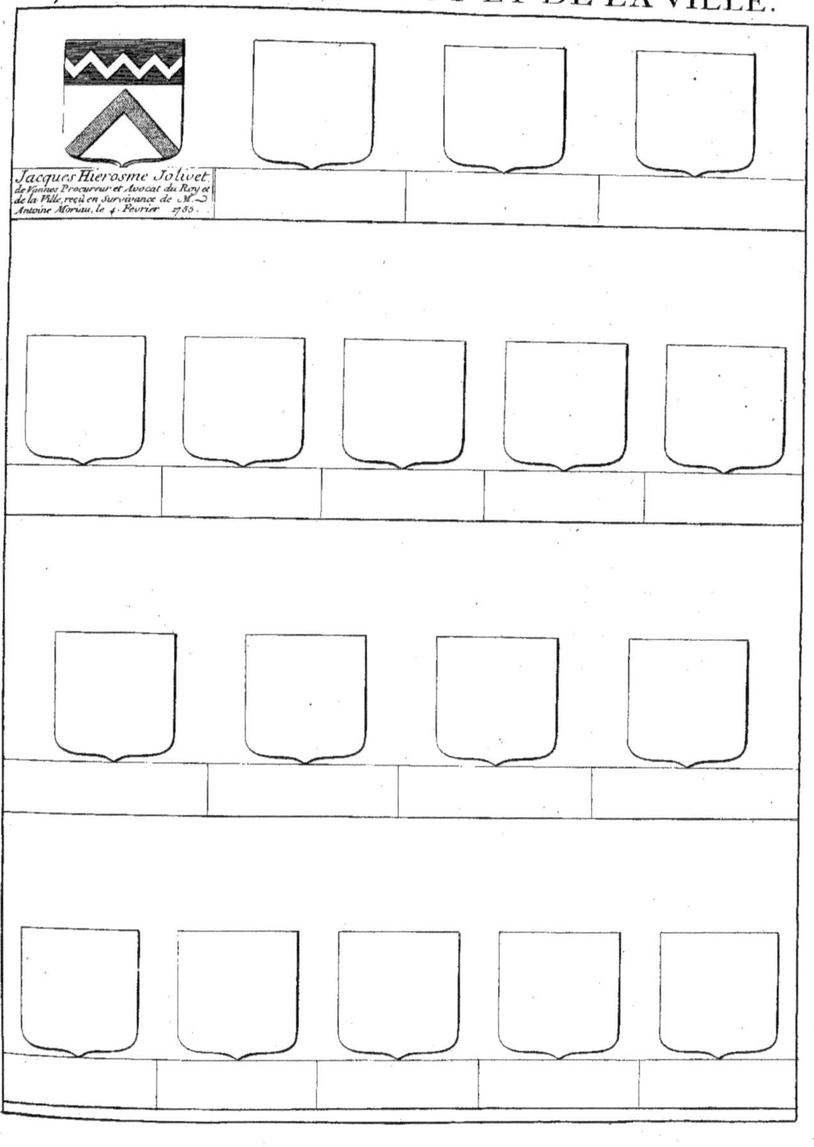

Jacques Hierosme Jolivet
de Vannes Procureur et Avocat du Roy et
de la Ville, reçû en Survivance de M.
Antoine Moriau, le 4. Fevrier 1755.

Messieurs les Greffiers de l'Hôtel de Ville de Paris, depuis l'An 1500. jusqu'à present.

Denis Hesselin, étoit Greffier Receveur en 1500.	Nicolas Potier, Greffier et Receveur. 1501.	Denis Potier, Greffier et Receveur, au lieu de son Frere 1501.	Simon Larcher, Greffier et Receveur. 1502.	Jean Hesselin, Greffier et Receveur, en 1506 se demit de celle de Recev.r pour le S.r Macé.

    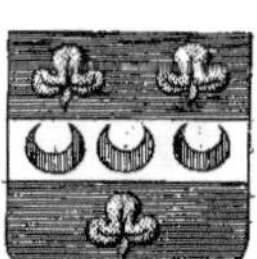

Pierre Perdrier, Greffier, par la mort du S.r Hesselin.	Regnault Bachelier, Greffier, par la mort du S.r Perdrier. 1552.	Regnault Bachelier, Greffier, par la resignation de son Pere mort avant lui 1558.	Claude Bachelier, Greffier, par la mort de son frere. 1556.	Bonaventure Evrard, Greffier. 1583.

Nicolas Courtin, Greffier.	Nicolas Courtin, Greffier, au lieu de son Pere. 1601.	Guillaume Clement, Greffier. 1609.	François Clement, Greffier, au lieu de son Pere. 1610.	Martin le Maire, Greffier. 1634.

Jean Baptiste Langlois, Greffier. 1660.	Jean Bapt. Martin Mitantier, Greffier. 1681.	Jean Baptiste Taitbout, Greffier. 1698.	Jean Bapt.te Julien Taitbout, Greffier, au lieu du S. Sô: Pere. 1711. E.ct	Jean Bapt. Julien Taitbout, en Survivance et Concurrence avec son Pere le 19. Decembre 1737.

GREFFIERS

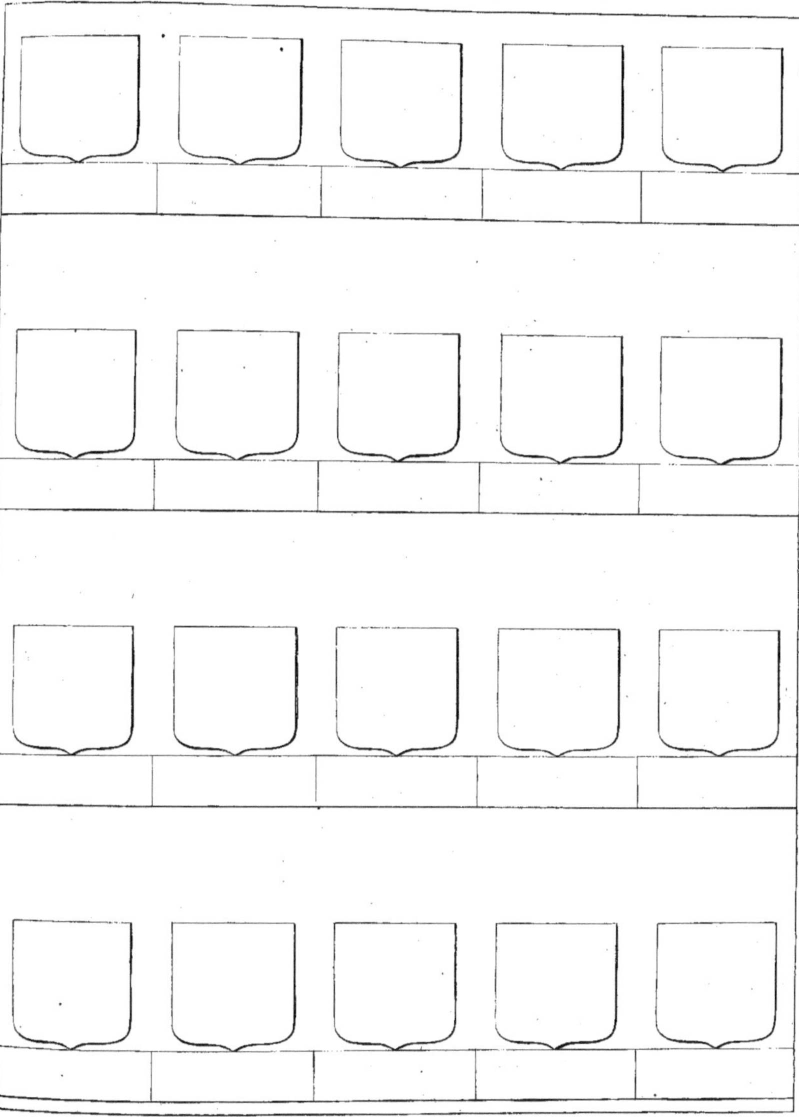

Messieurs les Receveurs de la Ville de Paris, depuis l'An 1500. jusqu'à present.

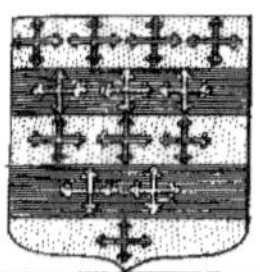   

Denis Hesselin, étoit Greffier et Receveur, en 1500.	Nicolas Potier, Greffier et Receveur. 1501.	Denis Potier, Greffier et Receveur, au lieu de son frere. 1501.	Simon Larcher, Greffier et Receveur. 1502.

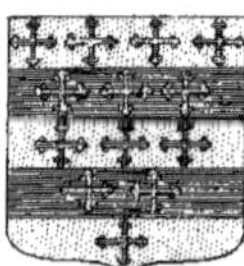    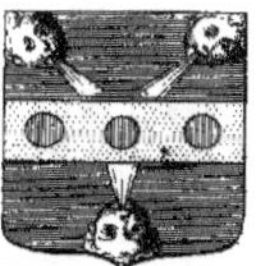

Jean Hesselin, Greffier et Recev. en 1506. Opta celle de Greffier.	Philippes Macé, Receveur après l'Optiö du Sieur Hesselin.	François de Vigny, Receveur.	François de Vigny, Receveur, par la resignation de son Pere.	Leon Frenicle, Receveur.

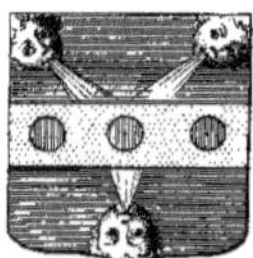   

François Frenicle, Receveur par la résignation de son Pere.	Claude Letourneau, Receveur.	Charles le Bert, Receveur.	Nicolas Boucot, Receveur.

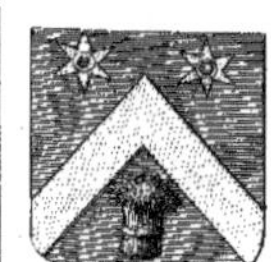   

Nicolas Boucot, Receveur, par la résignation de son Pere.	Nicolas Boucot, Receveur, par la résignation de son Pere, n'a point exercé, étant mort en 1694.	Jacques Boucot, Receveur, par la résignation de son Pere. 1693. 5 Fevrier.	Jacques Boucot, Receveur, par la résignation de son Pere, reçu le 3. 7bre. 1722.	

RECEVEURS

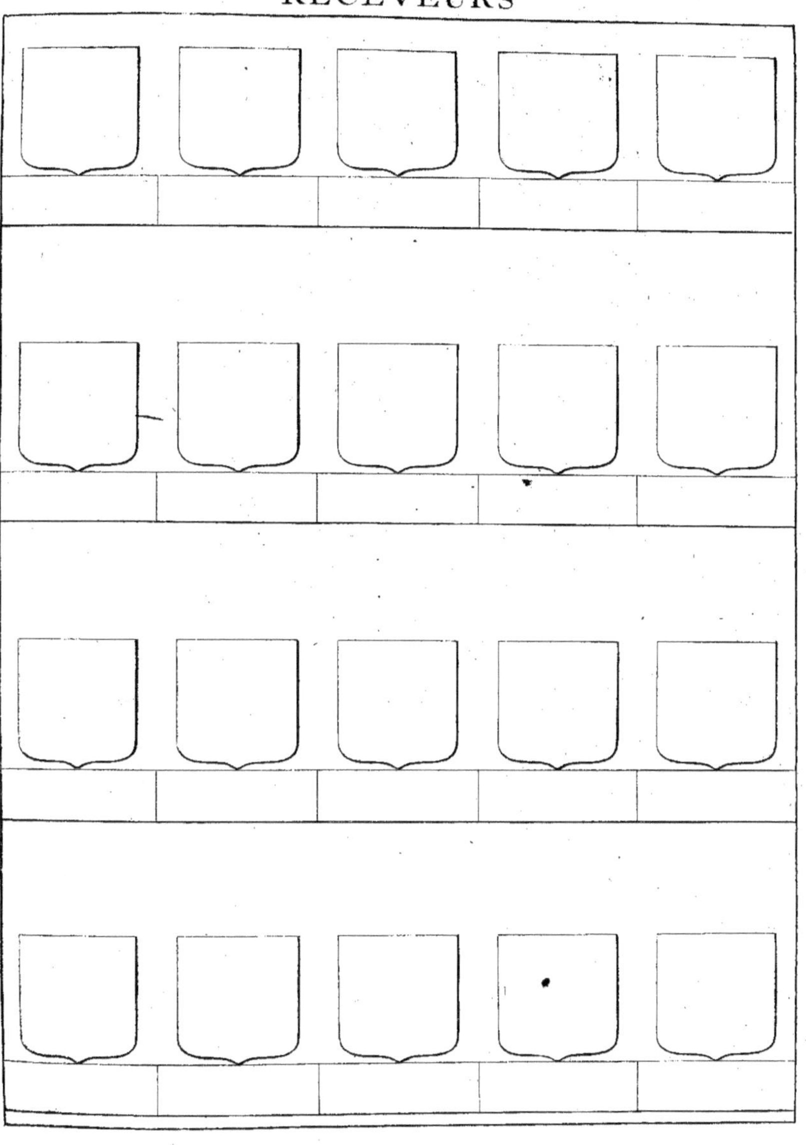

Attribution de Noblesse
Accordée par Les Rois
Henry III. Louis XIV. & Louis XV.
Aux Principaux Officiers de l'Hôtel-de-Ville
de Paris

Le Roi Henry III. accorda la Noblesse aux Prevôts des Marchands,
Echevins et Procureurs du Roi de la Ville de Paris, et la qualité de Chevalier aux
Prevôts des Marchands, par Edit du Mois de janvier 1577.
Le Roi Louis XIV. Faute d'Enregistrement de ses Lettres de Confirmat.
du Mois de juillet 1659. a de nouveau confirmé la qualité de Chevalier aux
Prevôts des Marchands, et la Noblesse, aux Echevins, Procureurs du Roi,
Greffiers et Receveurs de la Ville de Paris, par Edit du Mois de Nov.re
1706. Ce qui fut révoqué par autre Edit du Mois d'Août 1715.
Le Roi Louis XV. A rétabli la Noblesse aux Principaux
Officiers de la Ville de Paris; sçavoir, la qualité de Chevalier
aux Prevôts des Marchands, et la Noblesse, aux Echevins
Procureurs du Roi, Greffiers et Receveurs; ensemble
aux Anciens Echevins, qui ont été depuis l'An 1706.
leurs Enfans nés & à naître en légitime Mariage,
par Edit du Mois de juin 1716. registré en Parlement
le 11e juillet suivant.

Gravé Par Beaumont
Graveur Ord.re de la Ville

CONSEILLERS

DE

LA VILLE

DE

PARIS

DEPUIS L'AN 1500.

Gravées Par Beaumont
Graveur ordinaire de la Ville

Messieurs les Con.rs de Ville sont d'ensuites selon la datte de leurs Réceptions, et l'Année est marquée au bas. Ceux à qui on à mis des Casques, sont ceux qui ont étés Prevôts des March.ds. Les autres ornem. marq. les Charges q.ls ont possedés.

Row 1

Guillaume de la Haye, Prevôt des M.ds en 1484. President à Mortier, étoit Conseiller de Ville en 1500.

Robert Thiboult, Presid.t à Mortier, étoit Conseiller de Ville en 1500.

Jean du Drac, Chevalier Vicomte d'Ay, Prevôt des M.ds en 1486. étoit Conseiller de Ville en 1500.

Pierre Poignant, Prevôt des Marchands en 1490. étoit Conseiller de Ville en 1500.

Christophe de Cramone, étoit Conseiller de Ville en 1500. President à Mortier en 1803.

Row 2

Jacques Olivier, étoit Conseiller de Ville en 1500. premier President en 1517.

Charles Guillard, Con.er au Parlement étoit Conseiller de Ville en 1500. President à Mortier en 1508.

Antoine le Viste, Ch.er Sg.r de Fresne, étoit Con.er de Ville en 1500. Prevôt des M.ds en 1520. Presid.t à Mo.er en 1523.

Charles de Montmiral, S.r de la Vau.loere, étoit Con.er de Ville en 1500. Echevin en 1510.

Jacques Piedefer Prevôt des Marchands en 1492. étoit Conseiller de Ville en 1600.

Row 3

Nicolas Potier, Prevôt des Marchands en 1500. étoit Conseiller de Ville en 1500.

Germain de Marle, Echevin en 1474. étoit Conseiller de Ville en 1500. Prevôt des Marchands en 1502.

Louis de Harlay, Chev.er Sg.r de Beaumont, Echevin en 1403. étoit Conseiller de Ville en 1500.

Pierre Clutin, Conseiller au Parlement étoit Con.er de Ville en 1500. Prevôt des Marchands en 1516.

Jean de Ruel Auditeur des Comptes, Echevin en 1485. étoit Conseiller de Ville en 1500.

Row 4

Antoine Hesselin, étoit Conseiller de Ville en 1500.

Jean le Gendre, étoit Conseiller de Ville en 1500.

Nicolas Violle, Correcteur des Comptes, étoit Con.er de l'Ille en 1500. Prevôt des Marchands en 1494.

Louis Ruzé, Lieutenant Civil à Paris, étoit Conseiller de Ville en 1500.

Jacques de la Cour, Avocat, étoit Conseiller de Ville en 1500.

Row 5

Pierre de la Vernade, étoit Conseiller de Ville en 1500.

Nicolas Seguier, étoit Conseiller de Ville en 1500. Echevin en 1506.

Jean de Wignacourt, Conseiller au Parlement étoit Conseiller de Ville en 1500.

Jean le Clerc, Sieur du Tramblay, Conseiller au Parlement étoit Conseiller de Ville en 1500.

Nicolas Charmolue, étoit Conseiller de Ville en 1500.

CONSEILLERS

  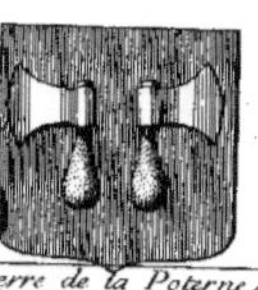 

Claude Foucault, S.r de Maudestou, étoit Conseiller de Ville, en 1500. Echevin en 1527.

Jean de Montmiral, étoit Conseiller de Ville, en 1500. Prevôt des Marchands en 1496.

Simon de Neufville, Echevin en 1478. étoit Conseiller de Ville en 1500.

Pierre de la Poterne, Echevin en 1401. étoit Conseiller de Ville en 1500.

Pierre Lormier, Comissaire au Châtelet, étoit Conseiller de Ville en 1500. Echevin en 1527.

Mery Bureau, étoit Conseiller de Ville en 1500. Echevin en 1508. et 1514.

Jean le Lievre, Echevin en 1491. 1500.

Jean de Ganay, Président à Mortier en 1490. Chancelier de France en 1507. 1501.

Henry le Begue, Echevin en 1499. continué 3 fois. 1501.

Roger Barme, Prevôt des Marchands en 1512. Président à Mortier en 1517. 1502.

Robert Turquant, Conseiller au Parlement, Prevôt des Marchands en 1510. 1502.

Jean Testes, Maître des Comptes. 1502.

Jean Hurault, Président des Aydes. 1503.

Denis de Bidant, Président des Comptes. 1503.

Eustache Luillier, Me des Comptes, Prevôt des Marchands en 1504. 1504.

 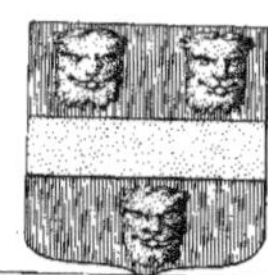 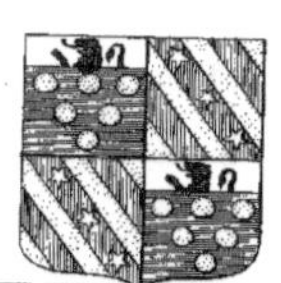 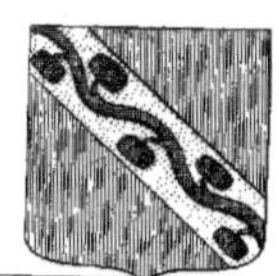 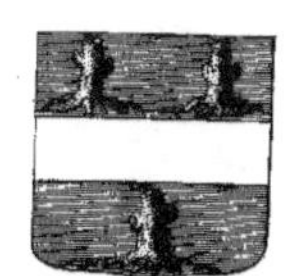

Jean Hesselin, Receveur de la Ville en 1506. 1504.

Estienne Huré, 1505.

Jean Olivier, Sieur de Leuville Secretaire du Roi, Echevin en 1512. 1510.

Jean Brulart, Baron de Heez, Conseiller au Parlement 1511. 1511.

Geoffroy du Souchay Echevin en 1511. 1512.

   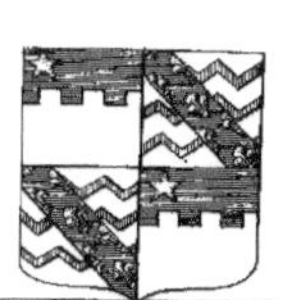 

Pierre Lescot, Sieur de Lizy, Prevôt des Marchands en 1518. 1512.

Dreux Raguier, Sieur de Trumelle, Prevôt des Marchands en 1506.

Nicolas de Neufville, 1522.

Pierre Clutin, Président des Enquêtes 1530.

Jean Prevost, Président des Requêtes 1531.

Simon Testes Correc-
teur des Comptes Eche-
vin en 1530.   1531.

Nicolas de Hacqueville
Seig.r d'Attichy, Echevin
en 1537.   1531.

Raou Aymeret Sieur
de Gazeau Conseiller
au Parlement.
1532.

Jean Ruzé Sieur
d'Estain Conseil.r au P.ment
1532.

Christophe de Harlay
Sieur de Beaumont
Président a Mortier.
1532.

Adrien du Drac Seig.r
et Vicomte d'Ay, Cons.er
au Parlement.
1532.

Pierre Violle Cons.er
au Parlement, Prevôt
des Marchands en 1532.
1532.

Gervais Larcher
Echevin en 1531.
1533.

Denis Barthelemy
Quartinier.
1533.

Louis de Besançon
Conseil.r au Parlement
1533.

Jacques Boucher M.e
des Comptes.
1533.

Estienne de Montmiral,
Cons.er au Parlem.t Prevôt
des Marchands en 1540.
1533.

André Guillard
Conseiller d'Etat.
1534.

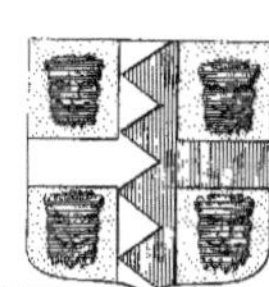

Germain le Lieur
Echevin en 1526.
1534.

Jean Tronçon, Cons.er
au Parlement, Prevôt
des Marchands, en 1534.
1534.

Martin de Bragelôgne
Lieutenant Civil, Echevin
en 1533. Prevôt des March.ds
en 1558.   1534.

Jean Courtin, M.re
des Comptes, Echevin
en 1533.   1536.

Louis Braillon
Docteur en Medecine en
1536.

Pierre Perdrier.
Grefier de la Ville.
1536.

Guillaume Budé Mai.re
des Requêtes, Prevôt des
Marchands en 1522.
1536.

Jean Morin Lieuten.t
Criminel, Echevin en
1522. Prevôt des March.ds
en 1524.   1536.

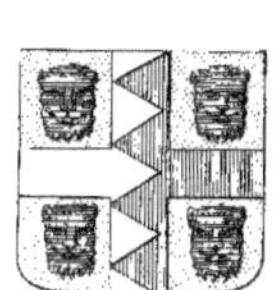

Claude le Lieur

1536

Jean Luillier Mai.re
des Comptes, Prevôt des
Marchands en 1530. 1536.

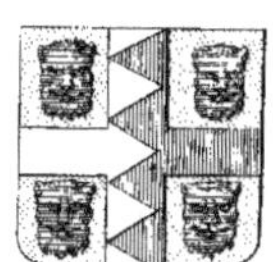

Robert le Lieur
1536.

Guillaume Perdrier
1536.

Christophe de Thou.
Echevin en 1535 Conseil.r de
Ville en 1537 Prevôt des Mar-
chands en 1552 P. Presid.t ou 568.

Jean Prevost.
Secretaire du Roy.
1537.

Nicolas de Livres.
Secret.re du Roy, Prevôt des
Marchands en 1554.
1537.

Jacques Paillard.
Sieur de Jumeauville.
Echevin en 1537.
1537.

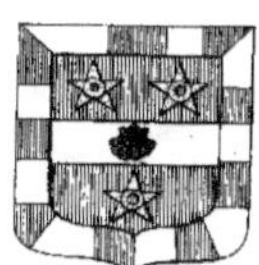

Thomas de Brage-
longne Echevin en
1541   1537.

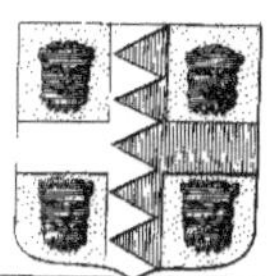

Jean le Lieur.
1537.

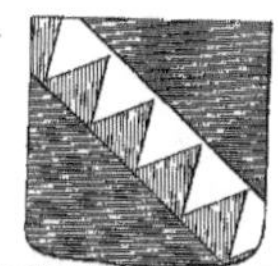

Thierry de Montmiral.
1540.

Antoine le Cointe.
Echevin en 1539.
1540.

Jean Bochard.
Sieur de Champigny.
1541.

René Baillet Cons.r
au Parlem.t puis Presid.t
a mortier. 1542.

Guillaume Larcher.
Echevin en 1558.
1543.

Michel de l'Hopital.
Cons.er au Parlem.t depuis
Chancelier de France 1648.

Denis Barthelemy.
Echevin en 1546.
1548.

Antoine le Lievre.
1648.

René Vivien.
Secretaire du Roy.
1548.

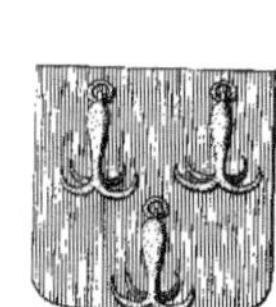

Jean Croquet.
1548.

Claude Guyot.
Prevôt des March.ds en 1548.
1549.

Oudart Hennequin.
Conseil.r au Parlement.
1549.

Claude Palluau.
1549.

Cosme Luillier Sieur
du Saussay Echevin
en 1550.   1660.

Guy Lormier Echevin
en 1551. depuis Maître
des Comptes. 1552.

Philippe le Lievre.
1553.

Guillaume de Courlay.
Echevin en 1556.
10 Octobre 1553.

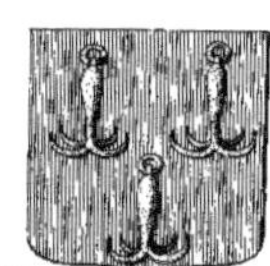

Pierre Croquet.
1553.

Jean de Palluau.
Secret.re du Roy, Echevin
en 1554.   1554.

Claude le Sueur.
Echevin en 1553.
1554.

Pierre Violle.
1555.

Jean Sanguin, Secretaire du Roi, Echevin en 1560. 1555.

Pierre Hennequin.
Conseiller au Parlement.
1556.

Nicolas Perrot.
1557.

Nicolas Dugué.
1558.

Guillaume de Marle.
Seigneur de Versigny.
Prevôt des Marchands en
1580. 1560.

Denis Tanneguy.
Echevin en 1545.
1561.

Jean le Sueur.
Echevin en 1563.
1561.

Nicolas Luillier.
Lieutenant Civil Prevôt
des March.ds en 1576. 1563.

Nicolas Perrot.
Conseiller au Parlement.
1563.

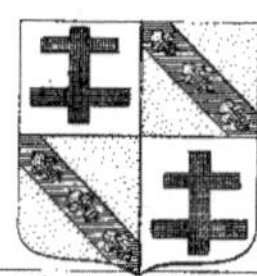

Claude Marcel.
Echevin en 1557.
1564.

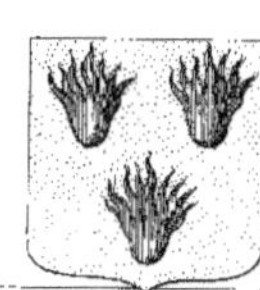

Hierosme Chomedey.
Sieur de Germenoy.
1564.

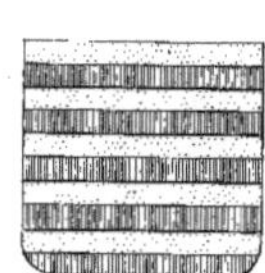

Jean Aubery, Echevin en 1559.
1564.

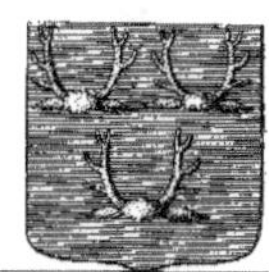

Simon de Cressé.
Général des Monoyes.
Echevin en 1570. 1565.

Nicolas le Gendre.
Sieur de Villeroy, Prevôt
des Marchands en 1666.
1566.

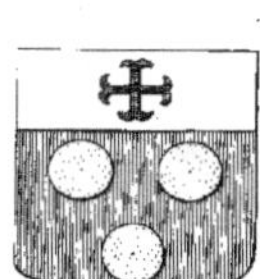

Jacques Paillard.
Sieur de Jumeauville.
1566.

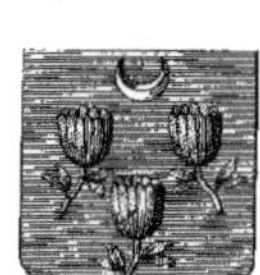

Nicolas le Sueur.
Greffier de la Cour des
Aydes. 1568.

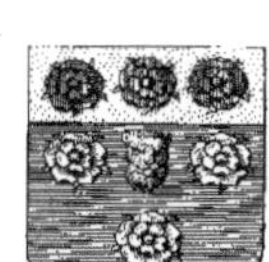

Jacques de Longueuil.
Seigneur de Seve Maître des Comptes. 1568.

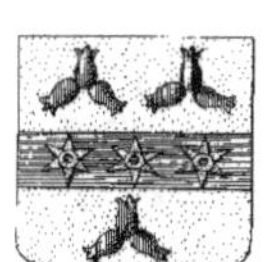

Louis Hucault, Sieur
de Montmagny. 1568.

Hierosme de Bragelogne. Tresorier de
l'extraordinaire des Guerres. 1568.

Claude le Prestre.
Echevin 1562.
1569.

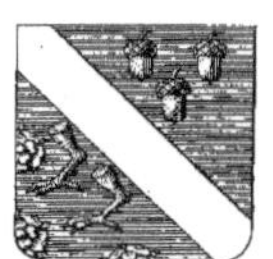

Jacques Sanguin, S.r
de Livry. Echevin 1567.
1569.

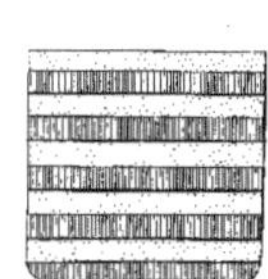

Claude Aubery.
1569.

Bernard Prevost, S.r
de Morsan. Président à
Mortier. 1571.

Olivier du Drac, S.r de Beaulieu Maître des Requêtes. 1571.

Pierre Poulin, Echevin en 1569. 1571.

Louis Abelly, Echevin en 1577. 1571.

Jean le Breton, Avocat, Echevin en 1585. 1571.

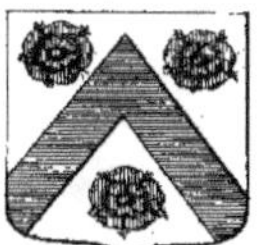

Jean le Clerc, Sieur du Tramblay, Président des Requêtes. 1572.

Jean Charron, Présid.t de la Cour des Aydes, Prevôt des Marchands en 1572.

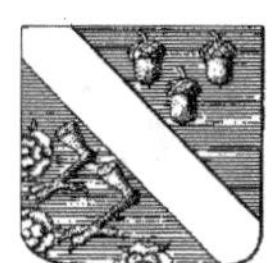

Pierre Sanguin, Sieur de Livry. 1573.

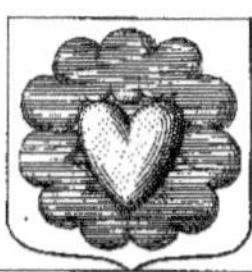

Robert de S.t Germain, Secrétaire de la Cour. 1573.

Nicolas de la Place, Conseiller au Parlement. 1573.

Dreux Budé. 1574.

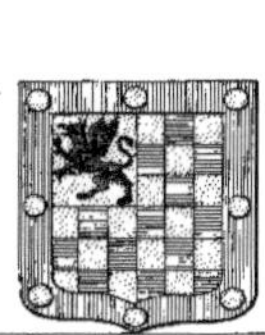

Augustin Prevost, Sg.r de Brevant Secretaire du Roy, Echevin en 1575. 1576.

Augustin de Thou, Prevôt des Marchands, en 1580, depuis Président à Mortier. 1576.

Pierre Violle, Sieur du Chemin, Commissaire des Guerres. 1576.

Jean de S.t Germain, Auditeur des Comptes. 1576.

Jean de Thou, Seigneur de Bonnœuil, Maître des Requêtes. 1576.

Claude Faucon, Sieur de Ris, Conseiller au Parlement. 1576.

Jean Hennequin, Sieur de Croissi. 1577.

Pierre de Mauparault, Maître des Requêtes 1577.

Jean le Tonnelier, Secretaire du Roi. 1577.

Cristophe de Thou, premier Président, après la mort de son fils fut Conseiller de Ville. 1572.

Nicolas Hector, Seigneur de Pereuse Prevôt des Marchands en 1586. 1580.

Claude Prevost, Sieur de S.t Cyr Maître des Requêtes. 1581.

Nicolas Luillier, Sieur de Boulencourt, Président des Comptes. 1581.

Denis Palluau, Conseiller au Parlement. 1581.

Jacques Sanguin, S.t de Livry, Cons.r au Parlem.t Prevôt des March.ds en 1606. 1581.

Antoine Abelly.
Echevin en 1597. 1581.

Thomas de Rochefort.
Echevin en 1595. 1582.

Claude Marcel.
1582.

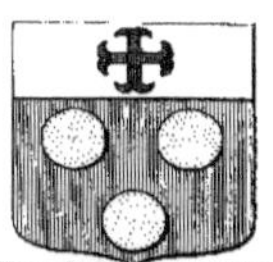

Christophe Auguste
de Thou. Seigneur de
St Germain. 1582.

Jean Paillard, Sieur
de la Goupilliere. 1583.

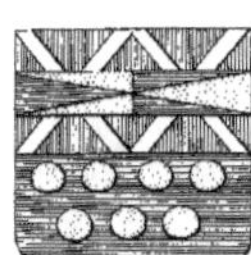

Jean de Loynes.
Avocat. Echevin en 1582.
1583.

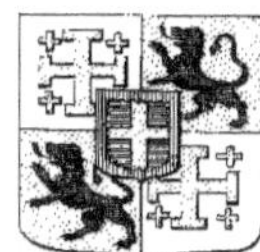

Guillaume de Courlay.
1583.

Nicolas Parent.
1583.

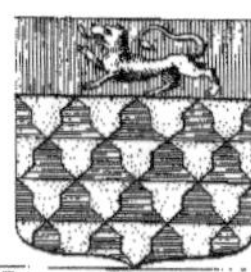

Pierre Hennequin.
1584.

Louis le Lievre.
1584.

Jean Tambonneau.
President des Comptes.
1584.

Eustache Violle. Sieur
du Chemin. 1584.

Charles Boucher. St
d'Orsay. Maitre des Re-
quêtes 1585.

Jean du Drac. Conr
au Parlement, puis Maî-
tre des Requêtes. 1586.

Pierre le Comte. Con-
trolleur de la Chancelle-
rie. 1587.

Guillaume Dinet.
Avocat. 1587.

Pierre des Croisetes.
Conseiller au Parlement.
1587.

Charles le Prevost.
Sieur de Mallrois. Conseiller au Parlement. 1688.

Claude le Tonnelier.
Sieur de Breteuil. 1589.

Jacques Sanguin. de
Livry. Maitre d'Hôtel du
Roi. 1594.

Martin de Bragelongne
Président aux Enquêtes.
Prevôt des Mds en 1602.
1595.

Antoine Arnauld. Avo-
cat en Parlement, Conseiller d'Etat. 1595.

Nicolas le Prestre. Sgr
de Menucou. depuis Con-
seiller au Parlement 1595.

Charles Prevost. Sr
de Saint Cyr. 1595.

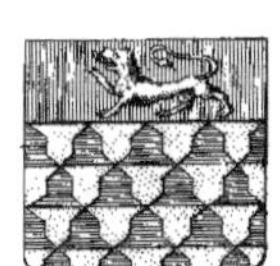

Oudart Hennequin.
Sr de Boinville. 1595.

Cyprien Perrot, Conseiller au Parlement. 1595.

Jacques Danest, S.r de Marly, Presid.t des Comptes. Prev.t des M.ds en 1598. 1595.

Claude Aubery, Maître des Comptes 1597.

Claude le Tonnelier, de Breteuil, Procureur Général de la Cour des Aydes 1600.

Gaston de Grieux, Con.er au Parlement, Prevôt des Marchands en 1612. 1601.

 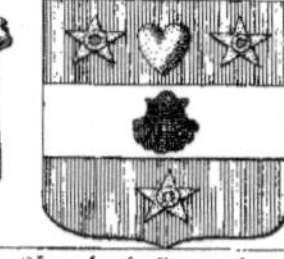 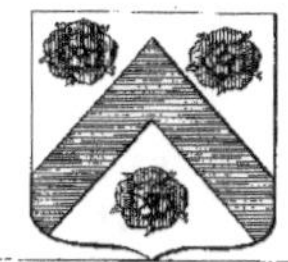 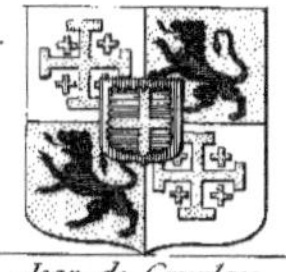 

Bernard Potier, S.r de Silly, Con.er au P.t Président à Mort.r au P.t de Bretagne 1601.

Claude de Bragelongne, Président aux Enquêtes. 1602.

Jean le Clerc, Avocat puis Conseiller au Parlement 1603.

Jean de Courlay, Ecuyer Sieur de Malassis 1604.

Guillaume Lamy, Secretaire du Roi Echevin en 1620. 1605.

 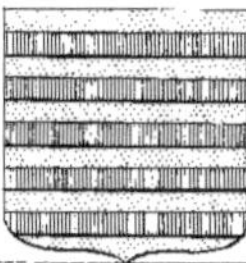  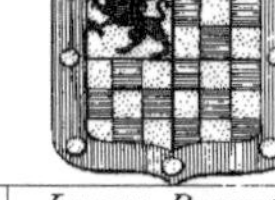 

Pierre de Sautot, Echevin en 1604. 1608.

Robert Aubery, Président des Comptes. 1606.

Christophe Hector de Marle, Sieur de Verfigny, Maître des Requêtes 1607.

Jacques Prevost, S.r de Malassis. 1607.

Christophe Sanguin, Présid.t des Enquêtes, Prevôt des Marchands en 1628. 1607.

Guillaume Sanguin, Secretaire du Roi. 1607.

Robert Arnauld, Secretaire de la Chambre du Roi, Seigneur d'Andilly. 1608.

Augustin Potier, S.r de Chichery, depuis Evêque de Beauvais. 1608.

Jean Amelot, Maître des Requêtes. 1608.

Jean de St Germain, Sieur de Ravines. 1609.

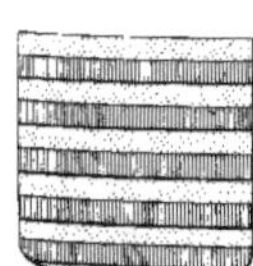 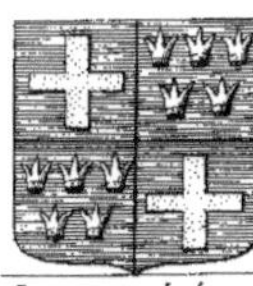   

Jean Aubery, Maître des Requêtes. 1610.

Jacques Jubert, S.r du Thil, Président des Comptes. 1610.

Guy Loisel, Conseiller au Parlement. 1611.

Marescot, Maître des Requêtes. 1612.

Mathurin Gestin, Auditeur des Comptes. 1613.

Jacques Prevost, Sieur d'Herbelet, puis Conseiller au Parlement. 1614.

Antoine Barthelmy, Sr. d'Oinville Maître des Comptes. 1614.

Jean Perrot, Sieur du Chesnart Conseiller au Parlement. 1614.

Jean de St. Germain, Secretaire du Roi. 1615.

Claude de Pleura, Conseiller au Parlement. 1615.

Isaac de Juye, Seigr. de Moric Conseiller au Grand Conseil. 1615.

Geoffroy Luillier, Conseiller au Parlement. 1615.

Claude Gallard, Secretaire du Roi. 1616.

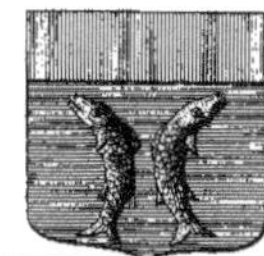

Jean Jacques Dolu, Grand Audiencier de France. 1616.

Laurent Violle. 1616.

Guy Marescot. 1617.

Simon Dreux. 1618.

Claude Loisel, President de la Cour des Aydes. 1619.

Jacques Danès, Avocat. 1619.

Claude Letourneau, Echevin en 1631. 1619.

Pierre Parfait, Echevin en 1626. 1620.

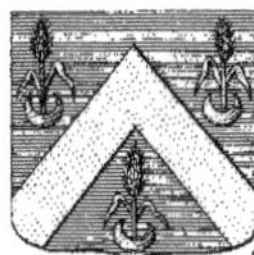

Jean Talon, Secretaire du Roi. 1620.

André Langlois, Echevin en 1628. 1620.

Louis Letourneau. 1622.

Pamphille de la Cour, Echevin en 1629. 1623.

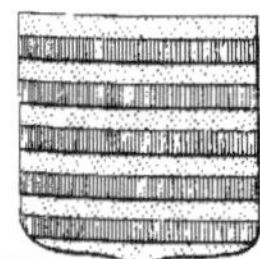

Claude Aubery. 1623.

Jean Tronchot, Echevin en 1630. 1623.

Charles de la Barre. 1623.

Hierosme de Bragelongne Tresorier de l'Extraordinre. des Guerres 1623.

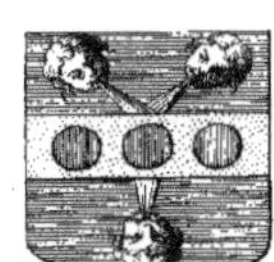

Robert Frenicle. 1623.

Adrien Fournier
Avocat. 1624.

Jean du Metz
Avocat de la Cour des Aides.
1624.

Pierre de Pleurs
Trésorier de France. 1624.

Oudart le Feron
Président des Enquêtes, Prevôt
des Marchands 1637. 1624.

Louis de Bucy
Écuyer Seigneur de Marval.
1624.

Jean Bazin
Échevin en 1642. 1626.

Remy Tronchot
Échevin en 1642. 1626.

Janus de St Germain.
1626.

Gabriel Langlois.
1626.

Charles de Bragelongne
1627.

Guillaume Parfait
Auditeur des Comptes. 1627.

Claude Baufay
Échevin en 1636. 1626.

Pierre de Briou
Conseiller au Parlement. 1627.

Jean Philippes
Secrétaire du Roi. 1628.

Jean de Barillon
Conseiller au Parlement. 1628.

Michel Marescot
Avocat. 1628.

Jean Bazin,
1629.

Henry Louis Habert
Sieur de la Brosse, Conseiller
au Parlement. 1629.

Estienne de Saintot
Conseiller au Parlement. 1630.

Jean Perrot
Sieur de Saint Dié Président
aux Enquêtes. 1630.

Jean Luillier
Avocat. 1630.

Jean Choppin
Échevin en 1639. 1630.

Michel Fournier
Conseiller aux Eaux et Forêts.
1631.

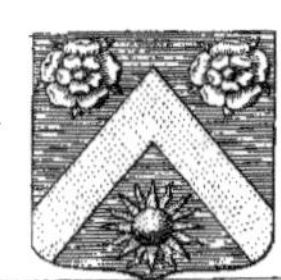

Simon Dreux
Sieur de Treville, Avocat Général
de la Chambre des Comptes. 1631.

Charles Coiffier
Échevin en 1640. 1631.

Claude de Santeul
Echevin en 1633.
1631.

Denis le Prestre.
1631.

Louis Rouillé
1634.

Pierre de Bragelongne.
1635

Jean de Gagny Com-
miss.re au Châtelet Eche-
vin en 1645. 1636.

Michel Guillois Cons.ler
au Châtelet Echevin en
1650 1636.

Nicolas le Camus
Secret.re du Roy.
1636.

Pierre Heliot Echevin
en 1647 1636

Marc Heron.
1636.

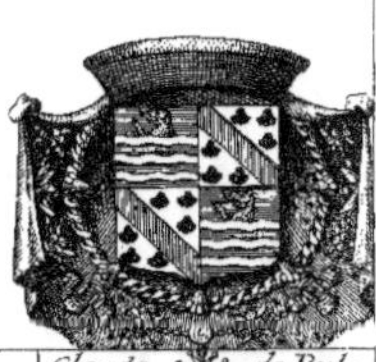

Claude de Bul-
lion Surintendant des
Finances Presid.t a Mortier
Garde des Sceaux des Ordres
1627

André le Vieux.
Echevin en 1651.
1639.

Raymond Lescot
Echevin en 1648.
1639

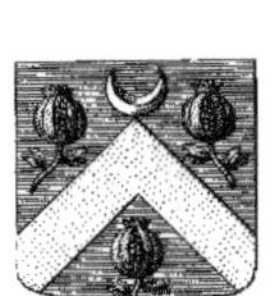

Vincent Heron.
Echevin en 1654.
1640.

Noel de Bullion
Seign.r de Bonnelles
Cons.r au Parlem.t 1640.

Philippe Gervais.
Echevin en 1656.
1640.

Jean le Comte.
Controlleur de la
Chancellerie 1640.

Edme Collart.
1640.

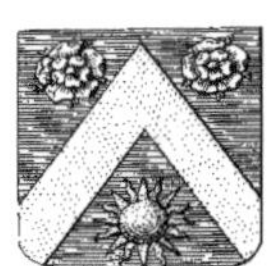

Guillaume Dreux
Avocat Gen.al de la
Chamb.re des Comptes 1641

Georges Desnot
1641.

Dumets
Cons.r de la Cour des
Aides.

Louis Aubert Sieur
du Thil
1643.

Louis de Bragelongne
1643.

Jean Faverolles
Echevin en 1657.
1643.

Nicolas Lavocat
M.e des Comptes.
1644.

Nicolas Baudequin
Echevin en 1658.
1645.

Paul de Barillon.
Conseiller d'État.
1645.

Thomas Tronchot.
1645.

Geoffroy Luillier,
Sieur d'Orville.
1645.

Jean Heliot.
1646.

Pierre Martineau,
Conseiller au Parlem.t
1646.

Nicolas le Comte.
1646.

Jean Tronchot.
1647.

Nicolas Lambert,
Maître des Comptes.
1648.

Bonneau.
1648.

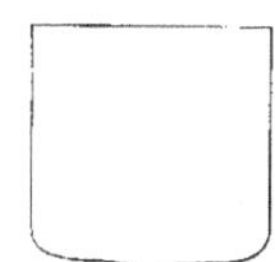

Guillaume Rousseau,
Avocat.
1660.

Pierre Heliot.
1650.

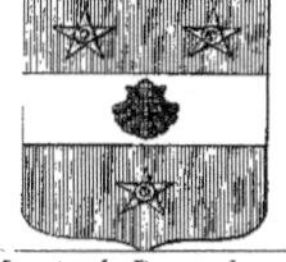

Louis de Bragelongne.

Jean Helissant,
Echevin en 1660.
1651.

Jean Gaillard,
Echevin en 1662.
1652.

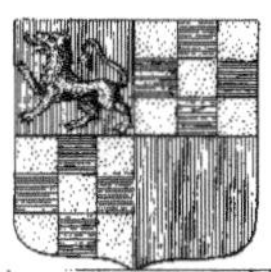

François de Vertha-
mont, Conseiller au Par-
lement.   1652.

Jean de la Balle.
Notaire au Châtelet
Echevin en 1664. 1653.

Jean Jacques Forne.
1653.

Etienne Bourdon.
1653.

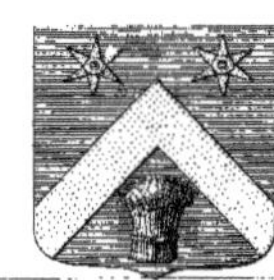

Claude Boucot, Se-
crétaire du Roi. Echevin.
1649.

Hugues de Santeul.
Echevin en 1666.
1653.

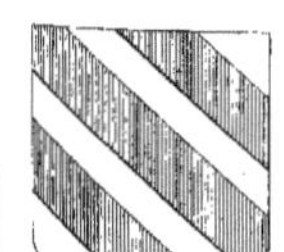

Jean Geoffroy.
Maître des Comptes.
1656.

Laurent de Fave-
rolles. Echevin en 1664.
1656.

Pierre Charlot, secré-
taire du Roi. Echevin
en 1663.   1656.

Denis Langlois.
1657.

Helie Buchere.
1658.

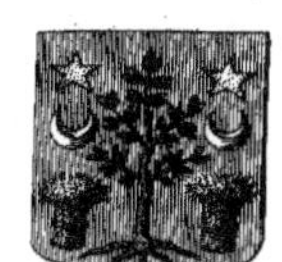

Thomas Tronchôt,
1658.

Claude le Gendre,
Echevin en 1671.
1659.

André Scarron,
Conseiller au Parlement
de Metz.
1660.

Charles Clairam-
bault, Echevin en 1673.
1661.

Etienne Galliot,
Commissaire au Châtelet.
1661.

Alexandre de Vinx,
Echevin en 1677.
1662.

Antoine Lavocat,
Mᵉ des Requêtes.
1662.

Nicolas Picques,
Echevin en 1668.
1664.

Jean Baptiste Helis-
sant, Echevin en 1681.
1667.

Michel Chauvin,
Echevin en 1683.
1668.

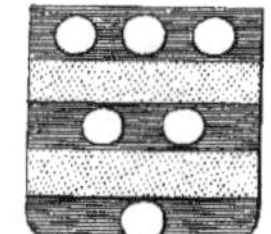

Pierre Fumée,
Conseiller au grand Con-
seil.
1669

Jean Jacques Gayot,
Echevin en 1685.
1671.

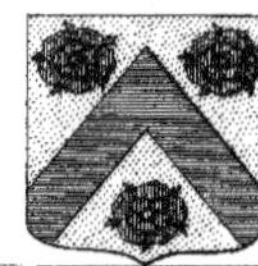

Henry Herlau,
Echevin en 1687.
1671.

François de Vertha-
mont, Conseiller au
Parlement.
1672.

Pierre Presty,
Echevin en 1689.
1672.

Thomas Tardif,
Echevin en 1691.
1672.

Jean-Baptiste-Louis
Berrier, Secrétaire du
Roi.
1673.

Jean Roussel,
1673.

Claude de Paris,
1675.

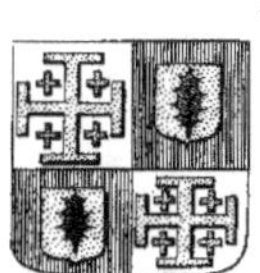

Guillaume Cavelier,
1675.

Robert Lechassier,
Conseiller au Parlement.
1675.

Nicolas de Brussel,
Echevin en 1695.
1676.

François de Paris,
Secrétaire du Roi.
1676.

Toussaint Simon Ba-
zin, Echevin en 1693.
1676.

Pierre Galliot,
Commissaire au Châte-
let.
1679.

Jean Bachelier,
1680.

Nicolas Fraguier,
Conseiller au Parlem.t
1681.

Francois Boucot,
Correcteur des Comptes.
1683.

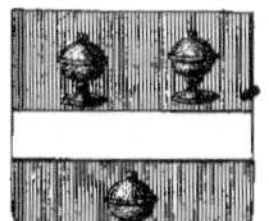

Charles le Brun,
Echevin en 1682.
1683.

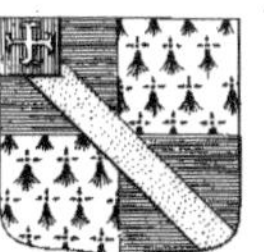

Jean Baptiste le
Tourneur, Echevin
en 1693.   1684.

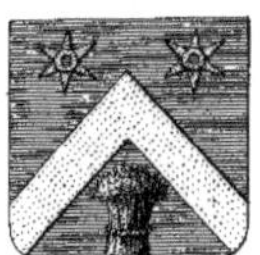

Claude Boucot,
Garde des Rolles.
1684.

Jean François
Sautreau, Echevin
en 1697.   1684.

Zacarie Morel,
Conseiller au Parlem.t
1686.

Nicolas Toustin,
1686.

Joseph de Laistre,
Secretaire du Roi.
1686.

Leonard Chauvin,
Echevin en 1699.
1687.

Pierre Gigault,
Maitre des Comptes.
1687.

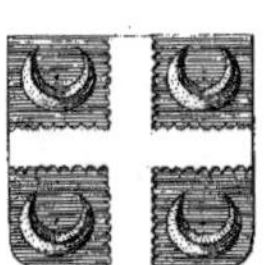

Pierre Gilbert,
Président aux Enq.tes
1688.

Claude de Santeul,
Echevin en 1701.
1690.

Maximilien Titon,
Secretaire du Roi.
1690.

Nicolas Lambert,
de Vermont, President
aux Requêtes, Prevôt des
Marchands, en 1725. 1691.

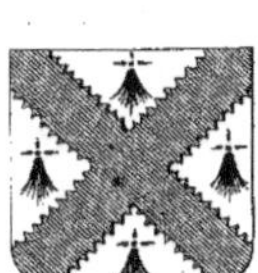

Nicolas Bertin,
Maitre des Requêtes.
1692.

Jean de Laleu,
Echevin en 1691.
1693.

Philippes l'Evesque,
Maître des Comptes.
1693.

Denis François Re-
gnard, Echevin en 1703.
1694.

Antoine Melin, No-
taire au Châtelet.
1694.

André le Vieux, Con.er
de la Cour des Aydes.
1696.

Etienne Perichon,
Notaire.
1696.

Jean Baptiste le
Brun,
1698.

Jean Halle,
Echevin en 1699.
1699.

Jean Baptiste Gayot. 1700.

Nicolas Jean Charpentier, Notaire au Châtelet. 1704.

Jacques Fournier, Secretaire du Roi. 1705.

Pierre Chauvin, Conseiller de Ville Echevin en 1705. 1709.

Nicolas Galloia. 1706.

Henry Louis Rouviere, 1706.

Louis Guillaume Chubere, Conseiller au Parlement. 1708.

Nicolas François Tardif. 1708.

Hector Bernard Bonnet. 1708.

Simon Fayolle, au lieu du Sr Sanxul, le 12 Août. 1710.

Pierre Charpentier, au lieu de Mr Hallé, le 3.7bre 1710.

Jean Gaschier, Conr du Roi, Notaire au Châtelet, au lieu du Sieur Rouvre 8 Octobre. 1710.

Pierre Sautreau, au lieu du Sr son Pere, 11e Mars. 1711.

Antoine Louis Hanicque, au lieu du Sieur Charpentier, le 22 Xbre 1712.

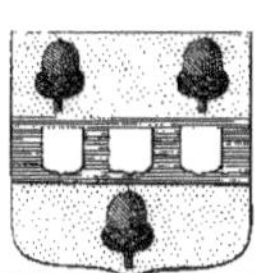

Guillaume Boissier, Mr Honoraire en la Chambre des Comptes, au lieu de Mone. Lavocat, 23.9bre 1712.

Augustin de Ferriol, Cte de Pont de Veyle, Baron d'Argental, Conr au Parlemt de Metz, au lieu de Mr le Vieux, 9.10bre 1712.

Jacques Roussel, Conr du Roi, Notaire et Payeur des Rentes, au lieu du Sr Perichon, 24 Janvier. 1713.

Etienne Laurent, au lieu du Sr Leonard Chauvin, 3 Février 1713.

Jean Jacques Titon, Mr des Comptes, au lieu de son Pere, 8e Mars 1713.

Jacques Corps, au lieu du Sieur Melin, 14e Septembre. 1713.

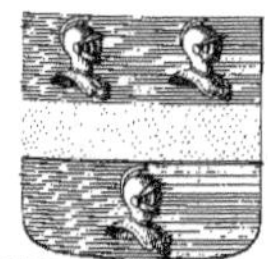

Nicolas Cupet, Conr du Roi, Notaire au Châtelet, au lieu du Sr Nicolas François Tardif, 14e Mars. 1714.

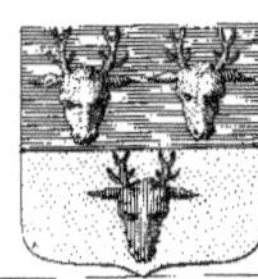

Philippes le Gras, au lieu du Sr Gayot, 2e Août. 1714.

Gabriel René Mesnil, Conseiller du Roi Notaire au Châtelet, au lieu de Mr Charpentier, 7 Août. 1715.

Pierre Etienne Borderel de Caumont, Substitut du Procureur Général, au lieu de Mr Calais, 14 Août. 1716.

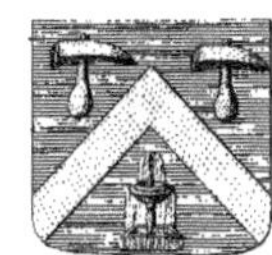

Jean Louis Felet, Avocat en Parlement, et aux Conseils du Roi, 30 Juillet 1716, au lieu du Sr Thomas Tardif.

Jean Claude Fauconnet de Vilde, le 3 Mai 1717, Avocat en Parlement, au lieu de Monsieur de Lalou.

Jean Michel le Chanteur, Cons.er du Roi, Notaire au Châtelet, au lieu du Sieur Borderel, le 3.e 8.bre 1727.

Louis Octave Robin, Avocat en Parlement, et aux Conseils du Roi, 29 Août 1719, au lieu de M.r le Chanteur.

Jean Baptiste Tripart, 10 Juin 1721, au lieu de Monsieur Helissant.

Jean Bapt. Cornu, 2.e Octobre 1721, au lieu de M.r de Feriole.

Martin Fraguier de Bussy, Président des Comptes, 17 Avril 1722, au lieu de M.r Son Pere.

Pierre Porlier, M.e des Comptes, 22 Mai 1722, au lieu de M.r Hanique.

Denis Vollant, 11.e Février 1724, au lieu de Monsieur Sautreau.

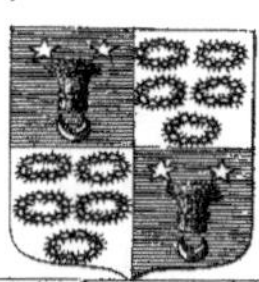

Nicolas Besnier, 10 Février 1726, au lieu de M.r Gaschier.

Louis Pierre d'Hozier, Juge d'Armes de Fr.ce Ch.er de l'Ordre du Roi, Cons.er en ses Cons.ls M.e des Comptes Reç. 17 au lieu de M.r Hozier.

Louis Henry Veron, 21 Mars 1727, au lieu de M.r Bonnet.

Jean Joseph Sainfray, 8 Octobre 1727, au lieu de Monsieur Denis.

Jean Franc. Despeignes du Plessis, 14 Novembre 1727, au lieu de Monsieur Fournier.

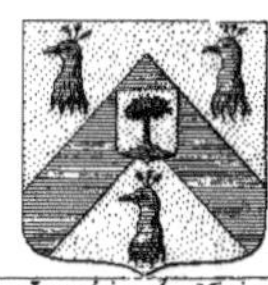

Joachim le Mairat, Seigneur de Nogent, Présid.t des Comptes, le Janvier 1728, au lieu de M.r Bertin.

Martin Beaufort, M.e des Comptes, 10 Mars 1728, au lieu de M.r Chubere.

Robert Langlois, Chevalier Seigneur de la Fortelle, Président des Comptes, au lieu de M.r de Verthamont.

Jean Franc. Bouquet, Ancien Echevin, 29 Decemb. 1728, au lieu de Monsieur Roussel.

Pierre Alexis du Bois, Président aux Requêtes, 20.e Decembre 1729, au lieu de M.r le Président Lambert.

Andre Germain, Avocat en Parlem.t Huissier ord.re aux Conseils du Roi, 8 Janvier 1730, au lieu de M.r Fayolle.

Louis Mignonneau, 28 Juin 1730, au lieu de Monsieur Capet.

Jean Bapt. Claude Baij, Avocat en Parlem.t & aux Conseils du Roi, 11.e X.bre 1731, au lieu de M.r Cornu.

Pierre Franc. du Boc, reçu le 21 Janvier 1736, au lieu de Gabriel Rene Mesnil.

François Rahault, Notaire, reçu le 9.e 8.bre 1735, au lieu de Louis Octave Robin.

Hilaire Tripperet, reçu le 26 Janvier 1736, au lieu de Jean Claude Fauconnet de Vilde.

Michel Ruelle, au lieu de Monsieur Etienne Laurent, reçu le 3 Août 1736.

Jean Daniel Gillet, Reçu le 29 Mars 1737 au lieu de Pierre Chauvin.

Mathias Goudin, Conser du Roi en sa Cour des Aides, reçu le 6 Juillet 1737 au lieu de Jean Fr. Despeignes.

Antoine Jean Guyot, de la Boissiere, Conser du Roi en la Cour des Aides reçu le 26 Juillet 1737.

Noel Pierre Paschalis Deshaudotes, au lieu de Jacques Corps, le 13 Juin 1738.

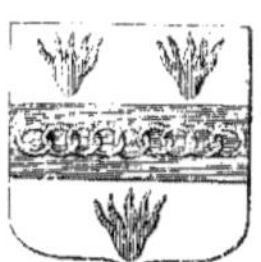

François Nicolas Maillard, Conser du Roi en sa Cour des Aides, au lieu de Martin Beaufort le 18 Juin 1738.

Pierre Bellet, au lieu de Nicolas Besnier le 9 Juillet 1738.

Charles Selle, Conser du Roi en sa Cour de Parlement, Commissaire aux Reqtes du Palais, au lieu de François Nicolas Maillard, le 28 Avril 1739.

Jean Franç. Guesnon, Conser du Roi Notaire, reçu le 2 Avril 1740 au lieu de Monsieur Veron.

Anne Jean Baptiste Goislard, Conser au Parlement, reçu le 9 Avril 1740, au lieu de M. d'Hozier.

Jean Franç. Brallet reçu le 3 Mai 1740, au lieu de M. Ruhault.

Jean Baptiste Maximilien Titon, Chevalier, Conser du Roi en sa cour de Parlement, Seigneur du Plessis Villetean, Misonquy, Formois et autres lieux, reçu le 20 Mars au lieu de Moulins.

Gaspard Riquet, Reçu le 21 Mars 1741, au lieu de M. Sainfray.

Pierre Le Dreux, Reçu le 30 Mai 1742, au lieu de M. Louvet.

Pierre Le Blocteur, Avocat en Parlemt Huissier ordinaire du Roi, en ses grands Chancellerie de France, reçu le 28 Février 1742 au lieu de M. Tripart.

Clement Denis Poultier, Reçu le 7 Mai 1743, au lieu de M. Germain.

Jean Du Houlley, Conser au Parlement, au lieu de M. Pierre Porlier, Reçu le 26 Mars 1744.

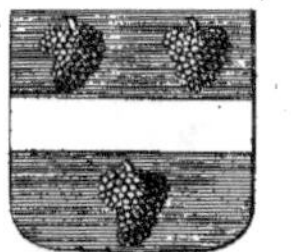

Pierre Nicolas Florimond Fraguier, Président des Comptes, 11 Janvier 1746, au lieu de M. son Pere.

Louis Mercier, Reçu le 1er Decembre 1747, au lieu de M. Bouquet.

Paul Larsonnier, reçu le 20 Septembre 1749 au lieu de M. Triperet.

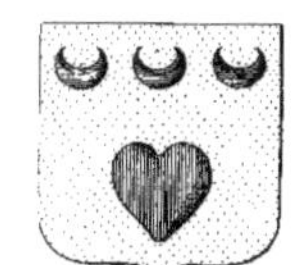

Alexandre Remy, Maître des Comptes reçu le 4 Septembre 1760 au lieu de M. Selle.

Dominique Jean Cassini, Chevalier Seigr de Thury Fuleval et autres lieux Maître des Comptes reçu le 26 Février 1751 au lieu de M. Titon.

Olivier Clement Vieillard, au lieu de M. Pelet reçu le 18 Juin 1751.

George François Samxin, au lieu de M. Le Dreux reçu le 24 Juillet 1753.

Thomas Bellet, au lieu de M. son Pere reçu le 29 Novembre 1753.

Pierre Richard Boucher, au lieu de M. Paschalis, reçu le 2 Aout 1753.

Michel Velut de la Cronniere, Conseiller en la Cour des Aydes, reçu le 9 Decembre 1757. au lieu de Mr. Joachin le Mairat.

Jacq. Nicolas Roethiers, reçu le 28 Juillet 1768. au lieu de Jean François Guesnon.

Augustin Jacque l'Heritier, Notaire au Chatelet de Paris, reçu le 7 Septembre 1759. au lieu de Gaspard Riquet.

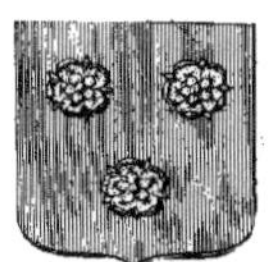

Jean Bapt. Buffault, reçu le 28 Octobre 1760. au lieu de Michel Ruelle.

Antoine François Duval, reçu le 4 Mars 1762. au lieu de Pierre le Blocteur.

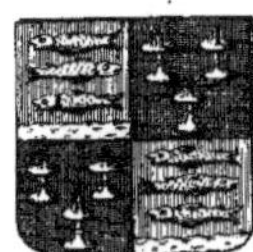

François Vincent Guyot de Chenizot, Conseiller au Parlement, reçu le 6 Avril 1764. au lieu de Mr. Guyot de la Boissiere.

Augustin Amable Sihire, Conseiller du Roy Notaire, reçu le 1er Juin 1764. au lieu de Clement Denis Poitier.

Paul François Lourdet, Maître des Comptes, reçu le 4 7bre 1760. au lieu de Mr. Robert Langlois de la Fortelle.

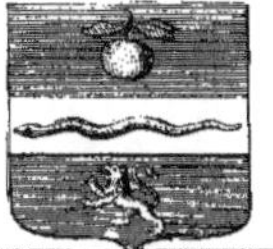

Alexandre Pierre Henry, Secretaire du Roi, Greffier en chef de la Chambre des Comptes, reçu le 15 Juin 1767. au lieu de Mr. Jean Duhoullay.

Jean Bapt. André Pochet, reçu le 1er Decembre 1767. au lieu d'Augustin Amable Sihire.

César Louis Famin, reçu le 1er Decembre 1767. au lieu de Paul Lamonnier.

Benjamin Jacques de Fautras, Président en la Cour des Aydes, reçu le 9 7bre 1768. au lieu de Pierre Alexis Dubois.

Nicolas Jean Mercier, reçu le 20 Xbre 1768. au lieu de Jean François Brallet.

Mathias Bernard Goudin, Coner du Roi en sa Cour des Aydes, reçu le 17 Janvier 1769. au lieu de Mathias Goudin son Pere.

Antoine Pierre de la Mouche, Auditeur des Comptes, reçu le 23 Janvier 1770. au lieu de Benjamin Jacques de Fautras.

François Pierre Goblet, Avocat du Roi au Grenier à Sel de Paris, reçu le 6 Juillet 1770. au lieu de Jean Bapte Claude Baize.

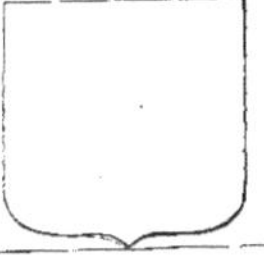

Pierre Guillaume Agasse, Reçu le 31 Janvier 1772. au lieu d'Augustin Amable Sihire.

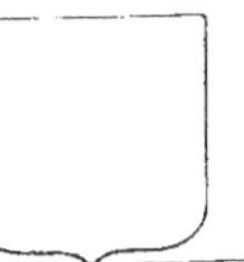

Antoine Georget, Reçu le 18 Février 1772. au lieu de George François Sarazin.

CONSEILLERS

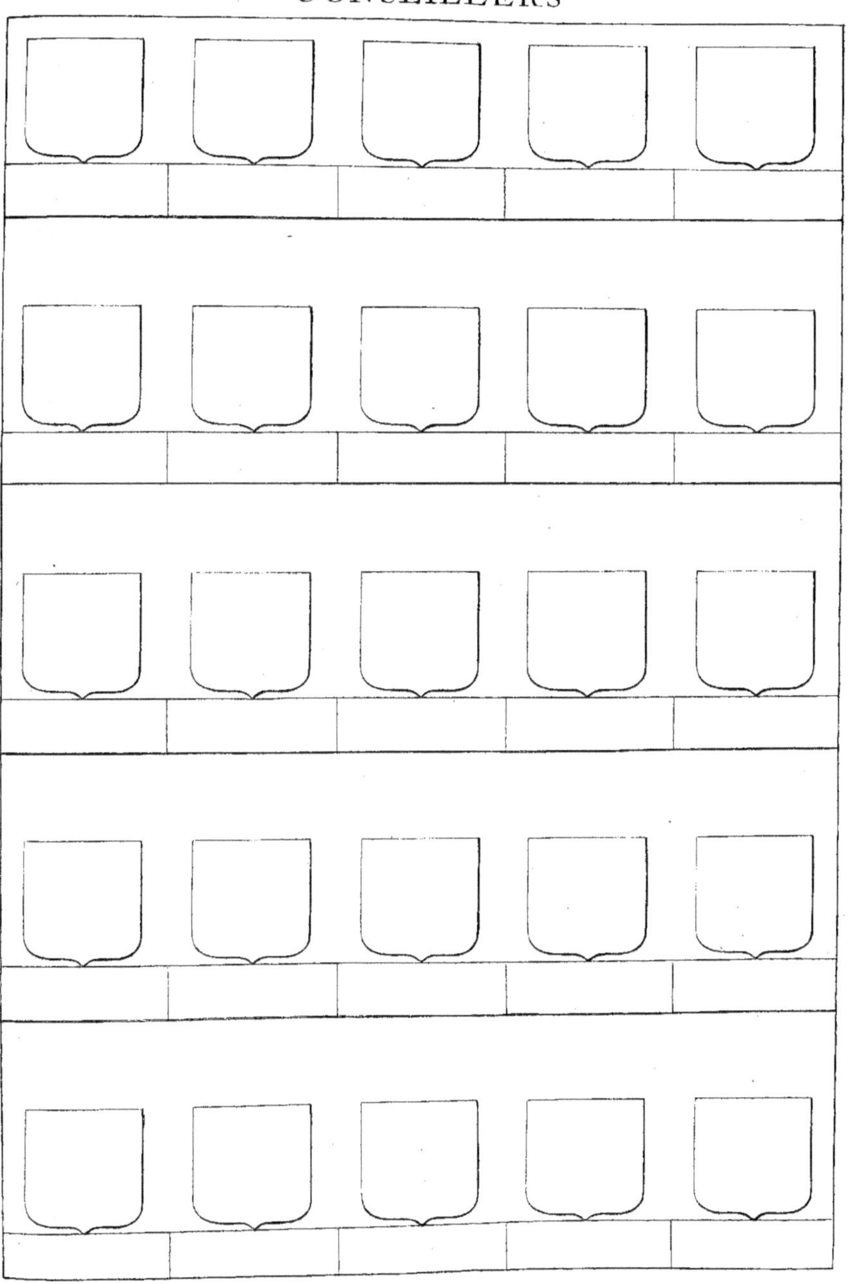

CONSEILLERS

CONSEILLERS

CONSEILLERS

CONSEILLERS

CONSEILLERS

CONSEILLERS

CONSEILLERS

CONSEILLERS

CONSEILLERS

CONSEILLERS

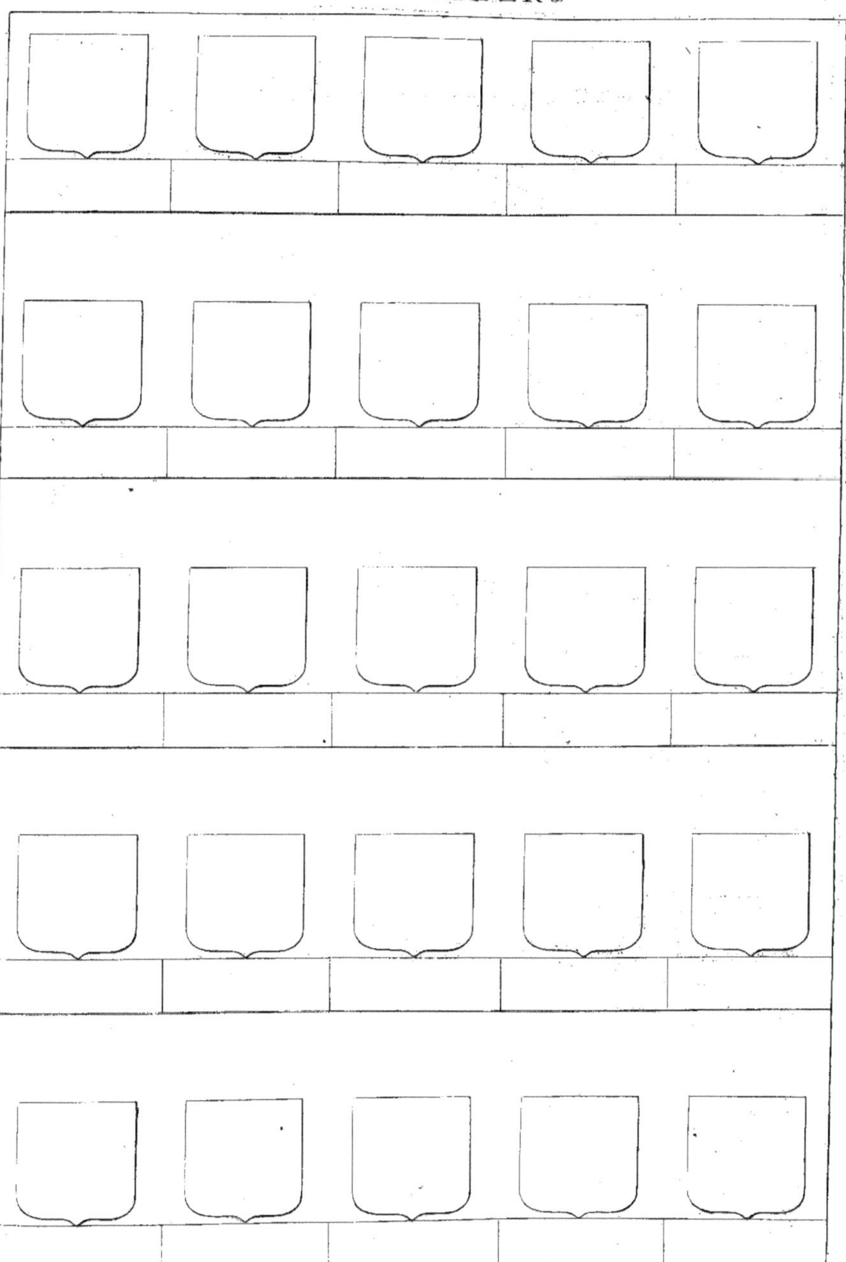

CONSEILLERS

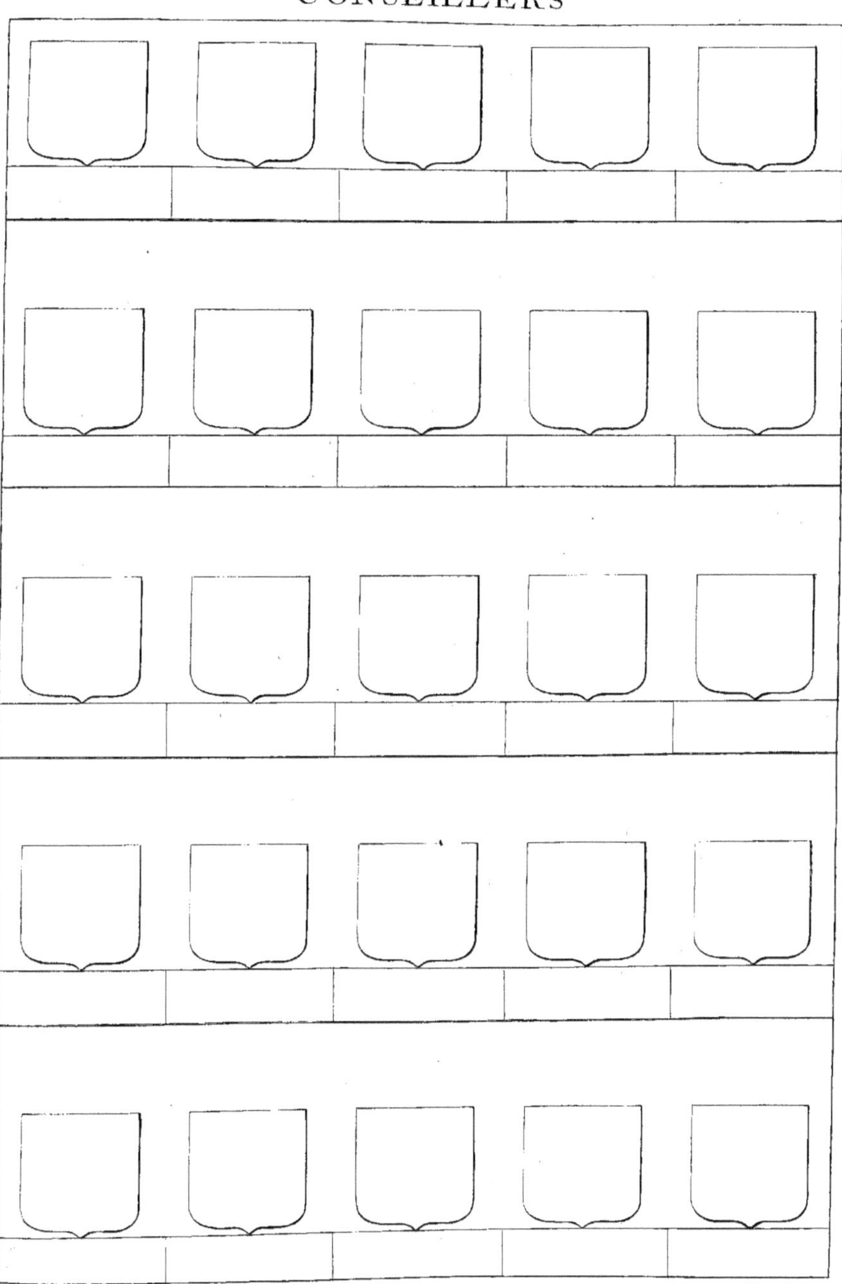

QUARTINIERS

DE

LA VILLE

DE

PARIS

DEPUIS L'AN 1500.

Gravées Par Beaumont
Graveur ordinaire d'la Ville

106

QUARTINIERS

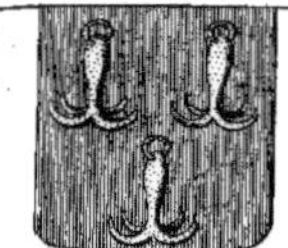

Jean Croquet,
etoit Quartinier en 1500. Eche
vin en 1502. remis en 1810.

Jean Hebert,
Echevin en 1504.
1500.

Hugues de Neufville,
Echevin en 1506.
1500.

Estienne Savin,
Echevin en 1507.
1500

Francois Choart,
Echevin en 1509.
1500.

Nicolas Crespy,
Echevin en 1512.
1500.

Jacques Hodoyer.
1500

Robert Eschars.
1500

Pierre Cosse.
1500.

Jean Massiot.
1500.

Geofroy Croix,
1500.

Godefroy Maciot.

Jean Bazanier,
Echevin en 1514.
remis en 1520.

Jean du Bus,
Echevin en 1516.

Charles Loison.

Jean Turquant,
Echevin en 1518.,
remis en 1525.,

Pierre de Moussy

Claude Maciot,
Echevin en 1528,

Thomas Duru,

Jean de Moussy
Echevin en 1530.

Jean Barthelemy,
Echevin en 1532.,
remis en 1544.

Jean de S. Germain,
Echevin en 1544.

Guillaume Perdrier,

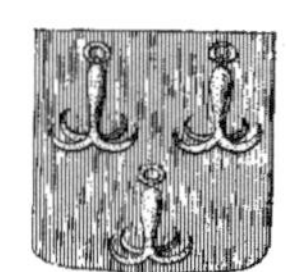

Jean Croquet,
Echevin en 1538.,

Jacques du Bus.

107

QUARTINIERS

Pierre Desmoulins.

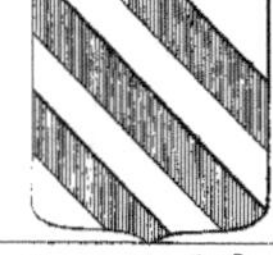

Henry Godefroy.
Echevin en 1542.

Jacques Toupin.

Guillaume Quinotte.
Echevin en 1534.

Pierre Raoul.
Echevin en 1536.

Jean le Jay.

N. Rigolet.

Guillaume Danes.
Echevin en 1538.

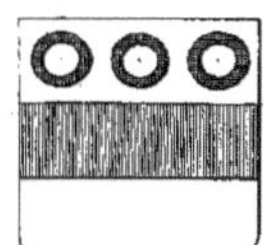

N. Susanne.
1533.

N. Aumette.
1533.

Claude Prevost.
1536.

Guichard Courtin.
Echevin en 1540. et
1548. 1536.

Nicolas Hac,
Echevin en 1560. et
1536.

Claude le Lievre.
1537.

Thomas le Lorrain.
Echevin en 1552 et
1537.

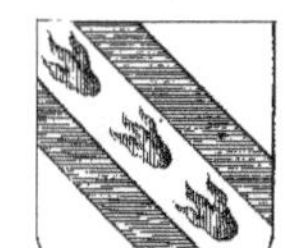

Jean Parfait.
1544.

Pierre Gohorry.
1544.

Jacques Kervert.
Echevin en 1568.
1544.

Pierre Pellerin.
1544.

Denis Barthelemy.
1546.

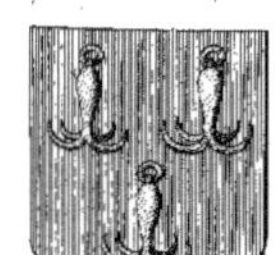

N. Croquet.
1544.

Vincent Massiot.
1552.

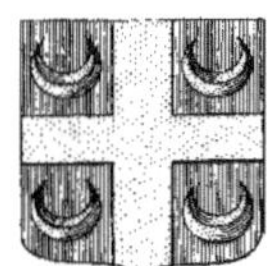

Jean Lescalopier,
Echevin en 1502.
1552.

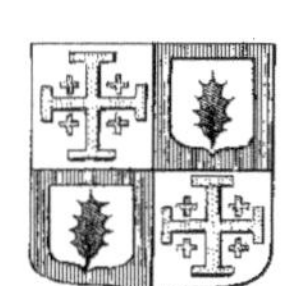

Jean Boucher.
1552.

Nicolas Paulmier.
1552.

108

QUARTINIERS

Jean Croquet.
1552.

Guillaume Parfait
1554.

Jean Desprez.
1554.

Oudin Petit.
1554.

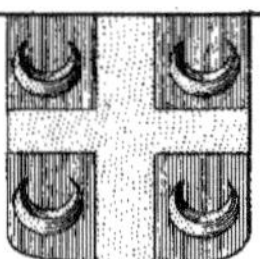

Nicolas Lescalopier.
Tresorier de France a Caen.
Echevin en 1571.   1554.

Noel Succhin.
1554.

Jean Dubois.
1555.

Guillaume Morin.
1555.

Imbert d'Ivry.
1555.

Jean Godefroy.
1555.

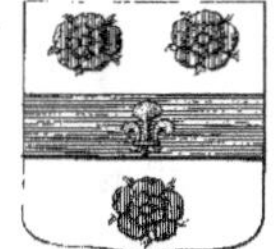

Michel Benoise.
1555.

Jean de Beauquesne.
1555.

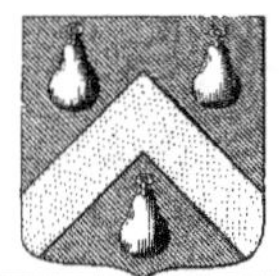

Pierre Perlan.
1555.

Georges Danes.
1556.

Nicolas Bourgeois.
Echevin en 1566. et
1580.   1558.

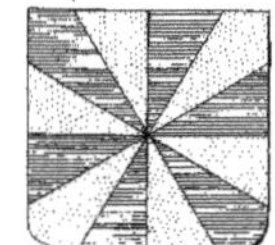

Michel Duru.
1558.

Mathurin Cousinot.
1560.

Nicole Langlois.
1560.

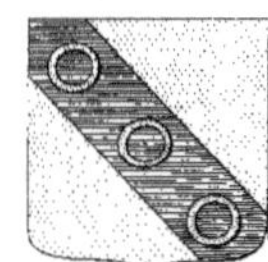

Macé Bourlon.
1560.

Henry l'Avocat.
Echevin en 1561.
1560.

Jean Messier.
1560.

Jean de la Bruyere.
1560.

François Garrault.
1560.

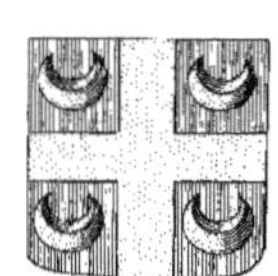

Jean Lescalopier.
1561.

Claude d'Auvergne.
1561.

109

QUARTINIERS

Hugues Boulart 1561.	*Jean Dugué,* 1561.	*Mathurin de Beausse* 1562.	*Jean Bellier* 1562.	*Ambroise Baudichon* 1562.

Robert Danes, Greffier des Comptes, Echevin en 1672. 1562.	*Emile Guerrier* 1562.	*Jean le Comte* Echevin en 1578. 1587. et 1594. 1562.	*Nicolas Becquet* 1570.	*Jean Perrot* 1570.

Antoine Huot, Echevin en 1582. 1570.	*Charles Mahent* 1570.	*Martin Jamart* 1571.	*Pierre le Goix* Echevin en 1584. 1572.	*Jean de la Fa* Echevin en 1583. 1573.

Claude Parfait 1575.	*Nicolas Hac* 1576.	*Claude Bonnot* 1577.	*Pierre Charpentier* 1577.	*Simon Perrot* 1579.

Claude Juillart 1579.	*Jean de la Bistrade* 1580.	*Jacques Kervert* 1580.	*Nicolas Girard* 1580.	*François Bonnart* Echevin en 1587. 1592.

110

QUARTINIERS

	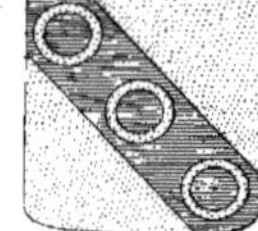			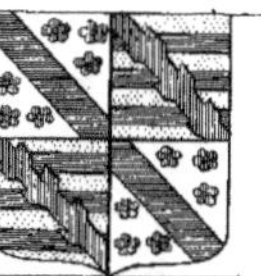
André Canaye Echevin en 1596. 1582.	*Nicolas Bourlon* Echevin en 1598. 1582.	*Jean Durantel* 1582.	*Jacques Huot,* Echevin en 1614. depuis Secretaire du Roy. 1582.	*Charles le Comte* 1582.
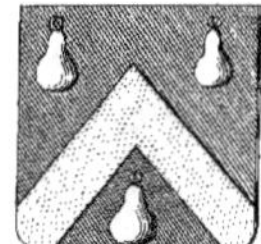				
Blaise Perlan 1582.	*Cosme Carrel* 1582.	*Julien le Goix* 1582.	*Claude de Choilly* Echevin en 1601. 1587.	*Jean Lambert* 1589.

François le Vasseur 1589.	*Guillaume du Tertre* 1591.	*Guillaume le Roux* 1591.	*Nicolas Bourgeois* 1591.	*Pierre Nicolas* 1591.
		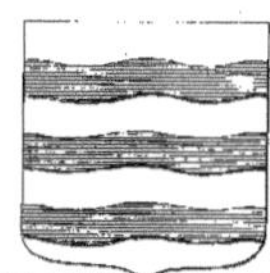		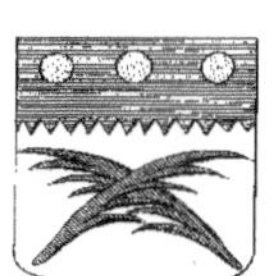
N le Saige 1591.	*Adrien Danes* 1594.	*Aubin de la Noue* 1592.	*Nicolas Lambert* 1594.	*Thorin Richard* 1596.
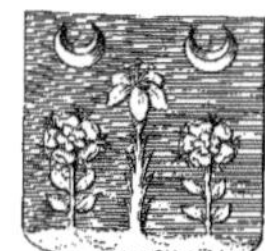			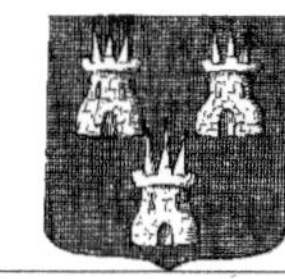	
Antoine Abelly Echevin en 1597. 1596.	*Vallere Pilleur* 1597.	*Pierre Saintot* Echevin en 1604. 1597.	*Jacques Berault* 1597.	*Jean de la Noue* Avocat, Echevin en 1604. 1598.

111

QUARTINIERS

Michel Passart
1598.

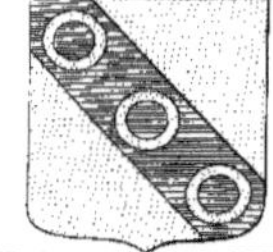

Michel Bourlon
1599.

Jean Carrel
1601.

Estienne Collot
1601.

Antoine Andronas
1601.

Robert Danes,
depuis Secretaire du Roi
Echevin en 1621.   1601

Simon Marces
Echevin en 1624.   1601.

Jacques de Creil
Echevin en 1617.   1604.

Claude Passart
1607.

Philippes Martin
1608.

Pierre Parfait.
1609.

Jean Jobert.
1610.

Pierre Huot
1611.

Jacques de Monthers.
1611.

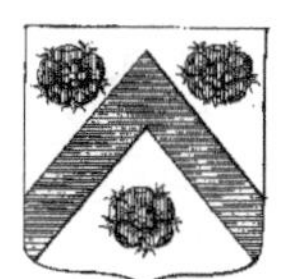

Jean le Clerc.
1612.

Denis de Saint-Genis.
1612.

François de Fonteny.
1613.

Pierre Parfait.
Echevin en 1626.   1613.

Charles le Comte.
1613.

Ascagne Guillemeau.
1613.

Denis de Cay.
1613.

Philippe Le Gagneux.
Echevin en 1631.   1615.

Jean Gesu.
1615.

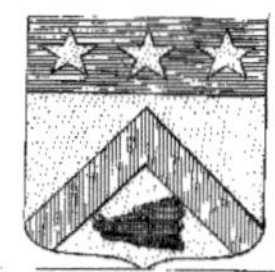

Estienne Heurlot.
Echevin en 1628.   1615.

Jean le Clerc.
1615.

François Bonnart
1615.

Pierre Huot
1616.

Nicolas de Creil
Echevin en 1634.   1617.

Pierre Peron
1618.

Claude Andrenas
1618.

Jean Gervais
1618.

Jean dit Creil
1619.

Jacques de Monthers
Echevin en 1641.   1619.

Marc Nicolas
1620.

Denis Nicolas
1621.

Nicolas Voisin
1621.

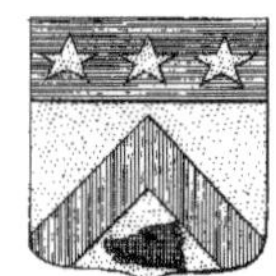

Nicolas Heurlot
1621.

Mathurin Beroult
1621.

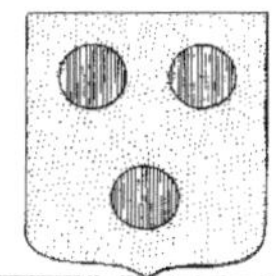

Gaspard de Miraumont
1626.

Jacques Tartarin
Echevin en 1637.   1626.

Hilaire Marcez
depuis Conseiller au Châtelet
Echevin en 1632.   1626.

Pierre Euflache,
Echevin en 1640.   1628.

Jacques Doujat
1628.

François Samson
1630.

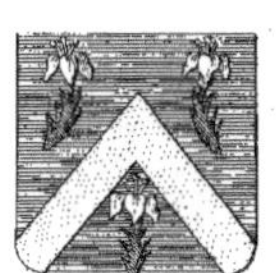

Jean de Bourges
Echevin en 1646.   1631.

Claude Voisin
1632.

Gerard Beroult
1631.

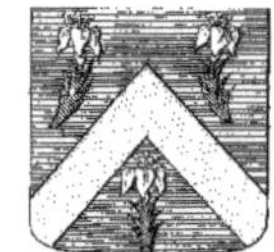

Claude de Bourges,
Echevin en 1643.   1631.

Maurice Passart
1632.

Claude Boucot
1632.

Claude Boucot, fils. 1632.	François de Saint Genis. 1632.	Guillaume le Be. 1632.	Claude Sonniva. 1632.	Julien Gervais, Echevin en 1653. 1634.
	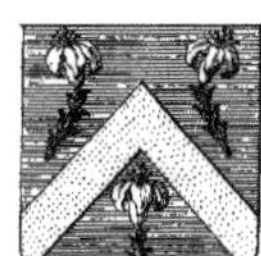			
Antoine de la Porte, Echevin en 1655. 1634.	Denis de Bourges. 1634.	Nicolas de Creil. 1637.	Jacques Beroult. 1637.	Jean Rousseau, Echevin en 1654. 1638.
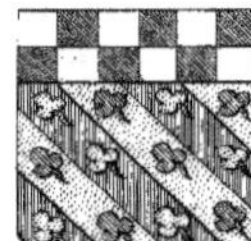				
Claude Hindret. 1638.	Mathurin du Fresnoy. 1640.	Pierre Pigorreau. 1640.	Jean le Vieux, Echevin en 1658. 1640.	Balthazard de Monthers. 1641.

Louis de Collisy. 1642.	Mathias Brunault. 1643.	Jacques Planson. 1643.	Nicolas Philippes, Echevin en 1650. 1643.	Elie du Fresnoy. 1644.
	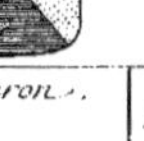		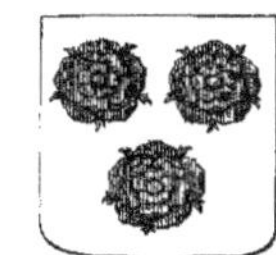	
Jean de Monthers, Avocat Echevin en 1661. 1645.	Marc Heron. 1646.	Nicolas Souplet, Echevin en 1663. 1646.	Claude Prevost. 1646.	Robert Hamonin, Echevin en 1665. 1646.

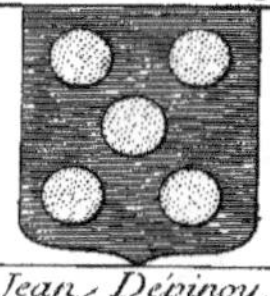

Jean Cottard,
1646.

Jean Dépinoy,
1649.

Charles le Jeune,
1649.

Etienne Philippes,
1650.

Charles Michel,
1651.

Etienne Quartier,
1651.

Denis Fustel,
1653.

Jean Gillon,
1654.

René Gaillard, de
Montmire, Echevin
en 1667.   1657.

Guillaume de
Faverolles, Echevin
en 1667.   1657.

Henry de Santeul
Echevin en 1660.
1667.

Ollivier le Vieux,
1658.

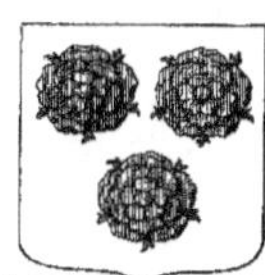

Henry Prevôst,
1659.

François Samson,
1659.

Martin Bellier,
Echevin en 1672.
1659.

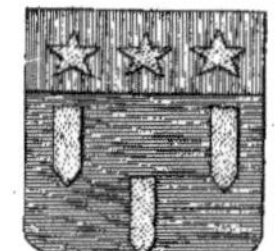

Pierre Picquet,
Echevin en 1674.
1660.

Pierre de Beyne,
Echevin en 1676.
1660.

Gabriel Langlois,
1663.

Philippe l'Evesque,
Echevin en 1678.
1664.

Jean de Vinx,
Echevin en 1680.
1665.

Michel Gamarre,
Echevin en 1682.
1667.

André Petit,
1667.

Antoine Gaillard,
1667.

Denis Roufseau,
Echevin en 1684.
1667.

Nicolas Chuppin,
Echevin en 1686.
1668.

Claude Bellier Echevin en 1688. 1668.	*Charles de Santeul* 1669.	*Pierre Chauvin* Echevin en 1690. 1672.	*Jacques Autruy* 1672.	*Vincent Marescal* Echevin en 1688. 1673.

Simon Moufle Echevin en 1692. 1682.	*Charles Sainfray* Echevin en 1694. 1682.	*Mathurin Barroy* Echevin en 1696. 1682.	*Jean Dorieu* 1685.	*François Regnault* Echevin en 1698. 1687
			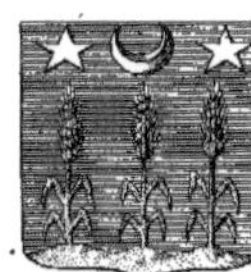	
Guillaume André Hebert. Echevin en 1700. 1687.	*Michel Boutet* Echevin en 1702. 1688.	*Martin Joseph Bellier* Echevin en 1704. 1690	*Guillaume Scourjon* Echevin en 1706 1692.	*Pierre Moreau* 1692.
	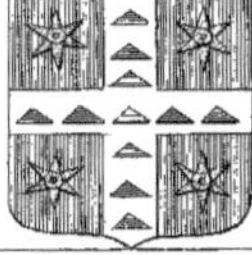	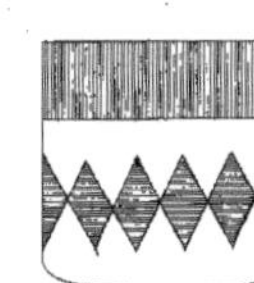		
René Michel Blouin 1693.	*Michel Louis Hazon* 1693.	*Louis Paul Boucher* 1696.	*Louis de Beyne,* Correcteur des Comptes. 1696	*Jacques le Vacher* L'Aîné. 1697.
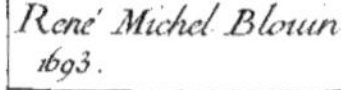 				
Louis Boisseau 1697.	*François Perichon* 1698.	*Jacques de Beyne* 1700	*Antoine de Serre* 1700.	*Nicolas Paignon* 1701.

Henry de Rosnel.
1701.

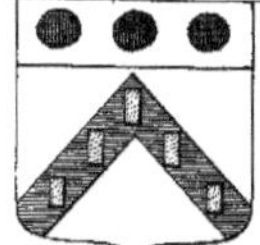

Marc Franç. Lay,
Echevin, en 1703.
1703.

Jacques Denis,
au lieu de Mr. Moreau,
39. Décembre 1706.

Jean du Quesnoy
au lieu de Mr. Hebert,
8. Février 1708.

Charles François
de Lobel, au lieu de
Mr. Boutet.   1708.

Nicolas le Grand,
au lieu de Mr. Boucher,
le 7. Mai 1709.

Jean Hebert,
au lieu de Mr. Scourjon,
le 8. Avril 1710.

Claude Sauvage,
au lieu de Mr. Perichon,
le 22 Juillet 1710.

Pierre Noel Pinchon
au lieu du Sr. Paignon,
le 11. Février 1712.

Alexandre Jean
Remy, Notaire au Châ-
telet, au lieu de Mr. Boisseau,
le 19 Décembre 1713.

René Rossignol,
au lieu de Monsieur
Hazon, le 16 Janvr. 1714.

Jacques Albert
Mocquet, au lieu de
Mr. Blouin, 23 Janvr. 1714.

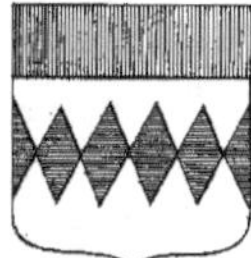

Henry Millon,
au lieu du Sr. Bellier,
10e. Juillet 1704.

Claude Petit,
au lieu du Sr. Pinchon,
24. Juillet 1716.

Pierre Jacques
Coucicault, 19 Novbre.
1719. au lieu de Mr. de Rosnel.

Louis le Roy le
Feteuil, 22. Janvr. 1720.
au lieu de Mr. Mocquet.

Claude l'Homme,
23e. Février 1722. au
lieu de Mr. Denis.

Thomas Leonard
Lagneau, 19. Mars
1726. au lieu de Mr. le Grand

Philippe le Fort,
22. Février 1727. au lieu
de Mr. de Serre.

Jean Baptiste Hurel
Notre. au châtelet, au lieu
de Mr. de Beyne, 10e. 10bre. 1729.

Claude Sauvage,
au lieu de Mr. son Pere,
le 11. Juillet 1730.

Guillaume-Joseph
l'Homme, au lieu de
Mr. Regnault 18. Juillet 1730.

André de Santeul,
au lieu de Mr. Lay,
26. Janvier. 1731.

Henry Maximilien
Gaucherel, au lieu de
Mr. Rossignol 14. Aout 1731.

Michel Genard,
au lieu de Mr. l'Homme
l'Aîné, 16 Novembre 1731.

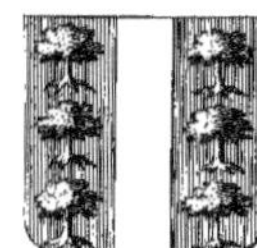

Claude Eleonore de
la Frenaye, 29. Août 1732.
au lieu de Mr. de Lobel.

Jean Stocard,
24. Janvier 1733. au
lieu de Mr. le Fort.

Jean Denis
L'Empereur, reçu le
14. Mai 1736. au lieu de
Monsr. Jean Duquesnoy.

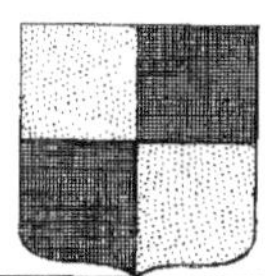

François Philippe
de Lône, reçu le
1736. au lieu de defunt
Mr. Michel Genard.

Jean Ollivier Bontray
Reçu le 28 Aout   1737.

   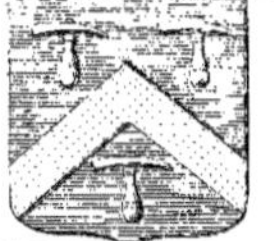

Louis Pierre, Reçu le 22 Octobre. 1737.	Pierre Julie Darlu, au lieu de François Philip.t de Lens, le 7 Avril 1739.	Pierre De Varenne, Reçû le 17 Decembre 1740, au lieu de M.r le Roy de Petreville.	Michel Martel avocat au Parlement Notaire Reçu le 20. Fevrier 1749. au lieu de M.r Hubert	Pierre Hubert Bigot Reçu le 18 Mars 1740. au lieu de M.r Lagneau

Jean Jerosme Allain au lieu de Jean Baptiste Hurel reçû le 10 juillet 1749.	Jacques Antoine de Lens au lieu de M.r Pierre reçu le 13. Janvier 1750.	Claude Pierre Fourestier au lieu de M.r Lhomme reçû le 12. Fevrier 1750.	François Le Brun au lieu de M.r Remy reçû le 4. Aoust 1750.	Hubert Louis Cheval S.r de S.t Hubert au lieu de M.r Caucherel reçeu le 26 Octobre 1751.

Louis Dominique Sprote au lieu de M.r Millon reçeu le 13. Juillet 1753.	Etienne Vernay de Chedeville au lieu de M.r De la Frenaye reçeu le 7. Septembre 1753.	Jean Denis Levé reçû le 13. Decembre 1757. au lieu de M.r Jean Sicard.	Jacques Chauchat reçû le 13. Decembre 1757. au lieu de M.r Claude Sauvage.	Jean Charles Richer, reçû le 27. Janvier 1758. au lieu d'André de Santeuil.

Jean Baptiste Piccard reçu le 30 Mars 1759. au lieu de Jean Jerosme Allain	Jacques Philippe Dossaux reçû le 17. Fevrier 1761. au lieu de Claude Pierre Fourestier	Claude Bougier, reçû le 17. Fevrier 1761. au lieu de Pierre Julie Darlu.	Pierre François Mitouart reçû le 17. Juillet 1761. au lieu de François le Brun.	Jean-Baptiste Guyot Reçu le 7. Juin 1763. au lieu de Jean-Baptiste Piccard.

 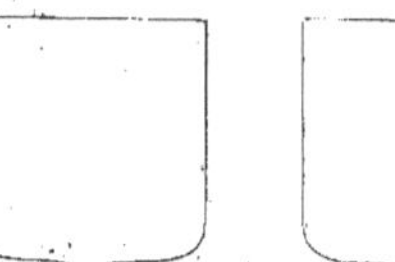  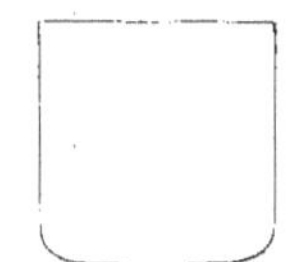

Jean Joseph Vergne Avocat en Parlement et Notaire au Chatelet reçu le 6 Mars 1770. au lieu de Jean Ollivier Bouthas	Paul Barthelemy Hubert reçu le 5. 7.bre 1771. au lieu de Jacques Antoine Delens			

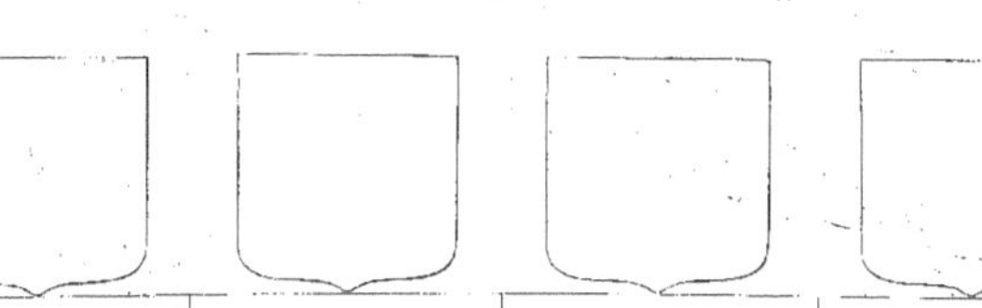

QUARTINIERS

QUARTINIERS

QUARTINIERS

QUARTINIERS

QUARTINIERS

QUARTINIERS

QUARTINIERS

QUARTINIERS

QUARTINIERS